英国继续教育和职业教育的管理主义文化

变技术理性为多方协作

〔英〕约翰·鲍德温〔英〕尼尔·雷文〔英〕罗宾·韦伯-琼斯 著

张建惠 译

商务印书馆
创于1897 The Commercial Press

职业教育学术译丛
出版说明

　　自《国务院关于大力推进职业教育改革与发展的决定》颁布以来，我国职业教育得到了长足发展，职业教育规模进一步扩大，职业教育已经成为国家教育体系的重要组成部分。为了更好满足社会经济发展需要，建设更多具有世界一流水平的职业院校，商务印书馆与深圳职业技术学院共同发起、组织、翻译、出版了这套学术译丛。

　　我馆历来重视移译世界各国学术著作，笃信只有用人类创造的全部知识财富丰富自己的头脑，才能更好建设现代化的社会主义社会。为了更好服务读者，丛书主要围绕三个维度遴选书目。一是遴选各国职业教育理论著作，为职业教育研究人员及职业教育工作者提供研究参考。二是遴选各国职业教育教学模式、教学方法等方面的书目，为职业院校一线教师提供教学参考。三是遴选一些国际性和区域性职业教育组织的相关研究报告及职业教育发达国家的政策法规等，为教育决策者提供借鉴。

　　深圳职业技术学院为丛书编辑出版提供专项出版资助，体现了国家示范性高等职业院校的远见卓识。希望海内外教育界、著译界、读书界给我们批评、建议，帮助我们把这套丛书出得更好。

商务印书馆编辑部

2022 年 6 月

目　录

第一章　导言

　　这本书创作耗时数年，由三位经验丰富的作者共同完成。他们均在管理和领导岗位上有着深厚的积淀，在继续教育和职业技能领域的从业时间合计超过 65 年。关于各地政策对继续教育和职业技能领域的具体影响，以及这些影响对管理者带来的启示，三位作者曾进行过无数次讨论。通过对讨论内容的梳理与反思，本书对继续教育的起源做出了独到的剖析，并对其未来发展态势进行了预测。书中还首次详尽地分析了教学机构在政策指导下，基于管理制度和市场导向逐步形成的过程，并对多方协作的成果予以高度评价。本书的目标在于通过梳理继续教育管理者的亲身经历、反思和经验总结，真实地呈现政策对他们产生的深远影响。

　　近年来，越来越多的文献在讨论继续教育领域高层的决策以及继续教育在全球教育中上升的地位（Orr 2020；Coffield 2011；Hodson et al. 2014）。然而，关于这些政策如何影响日常的继续教育实践，以及管理层需要如何应对这些影响的探讨尚不足。本书旨在填补这一研究空白，通过深入剖析该领域的过去、现在及未来可能性，引领读者全面了解继续教育的发展态势。我们坚信，尤其在高等教育领域，继续教育作为核心要素而非边缘环节，仍有巨大的发展空间，并能做出更大的贡献。本书创作基于格雷格森等人（Gregson et al. 2015）提出的实践路径理论，这一理论在继续教育领域日益得到接受。然而，本书的独特之处在于，它从领导者和管理者的视角来审视这一路径。

　　虽然我们希望本书能吸引广大读者，但部分专业术语和概念可能对初学者而言较为陌生。因此，我们在书后附上了解释缩略词与简称的术语表，以便读者更好地理解关键词语的定义以及在书中的运用。

各章介绍

本书各章内容如下。

第二章定义了继续教育，并分析了立法和政府视角如何影响和塑造这一领域。本章将在更广泛的背景下探讨继续教育，详细阐述继续教育从 19 世纪的技工讲习所起步，历经时代变迁的发展演变史。历史叙述揭示了学院在继续教育领域中所扮演的独特角色如何随着政策的忽冷忽热而变化。继续教育行业的发展路径及其背后的决策因素，往往受资金供应多寡的影响。为拓宽研究视野，本章将英国的继续教育行业与其他国家进行了对比。不过需要提到的是，本书的研究对象主要是英国继续教育领域。

第三章深入探讨了政策对继续教育的影响，剖析了现行政府对继续教育角色的理解以及继续教育应提供的课程类型。在理论层面，我们认为，受到经济压力的制约，继续教育并未充分提供卓越的知识与技能。我们探讨了这一状况对继续教育管理者带来的影响，以及他们在此背景下被迫采取的管理风格。同时，我们还分析了该形势对社会流动的影响，以及继续教育机构应如何发挥更大作用，让学生提升学业成果、缔造美好的未来，特别是帮助他们顺利进入大学深造。

第四章详尽剖析了自 20 世纪 70 年代以来，英国历届政府在继续教育学院运营中，强制性地推行管理主义理念和新自由主义观念。本章关注这些观念如何塑造了院校的组织架构，管理人员如何应对各类挑战以及各部门权力分配的状况。研究发现，尽管这些院校在技术层面上具备独立组织的特征，但实际上听命于法律法规和政府指令的束缚，无法真正实现教育者和管理者们期望提供的优质教育和培训。

第五章深入探讨了继续教育学院应对当前挑战的解决方案，以及推行何种替代管理模式优化院校运营，为学生创造更美好的未来。本章详细介绍了作者们关于提升继续教育管理能力的研究成果，探讨了如何引导学生及其他利益相关者更加深入地参与课程设计与学院治理，同时阐述了如何改革继续教育学院文化，以使所有师生获得更好的体验。

第六章更加细致地探讨了继续教育学院所承担的推动社会流动和确保高等教育公平普及等责任。本章开篇强调，招收弱势家庭背景的学生，包括追求大学教育资格的学生，继续教育机构发挥了至关重要的作用。然而，通过继续教育升入高等教育的学生比例仍相对较低。接下来，本章介绍了作者针对有变革可能的问题所进行的研究，并提出，若消除对继续教育学院的束缚，不同年龄段的学习者的生活机遇将得到何种提升。

第七章的要点是继续教育学院如何通过提升自身能力，提供适应时代需求的高等教育课程与培训，从而发挥积极作用，促进社会流动。本章详细分析了这些院校在提供高等教育与培训过程中所面临的挑战与制约因素，以及英国对高等教育，特别是三年制学士学位课程的期待。基于第六章的研究内容，本章为继续教育学院如何支持弱势背景家庭学生的发展提出了建议。

第八章概括性地提出了一些应对时代挑战的民主、务实的观点，然而继续教育的未来发展仍需进一步探讨。本章对第五章所涉及的研究内容进行了更为详尽的剖析，对于认识当前所面临的困境、汲取经验教训，进而推动各院校提供更为优质的教育和培训将起到关键作用。

第九章开篇概括了继续教育所面临的各种挑战，然后提出了该领域必须推进的改革措施，以确保为广大学生、产业、经济以及所服务的群体提供最优服务。

针对所探讨的现象，本书并未提供一种统一的解决策略。作为专业人员、研究者，本书作者深知，我们致力于解决的问题错综复杂，历经数十年累积而成，而且深受政治角力和国内外形势的叠加影响。至关重要的是，本书力求理解，教育乃是一项繁复、跨学科的过程；教育领导岗位的本质亦然。因此，若我们试图寻找一种普适的解决方法来应对复杂的问题，无疑将削弱教育工作者在每年塑造数百万人生活过程中必须具备的职业精神和自主性。本书还指出，继续教育涉及一系列多样化的活动，面向广泛多元的群体，因此单一解决方案无法适应所有情境。本书描述了当前提升教育质量及其评估水平的背景，以及管理主义和新自由主义的路径如何塑造当前实践并影响未来走向。

相关研究

本书将引用我们已完成的研究项目及其他学者的研究成果。不仅分析了这些方法所面临的挑战，还运用了作者的"内行观点"来预测可能产生的变革。在继续教育领域，很难看到研究（通常由行业外部人士进行）成为指导行业政策的主要工具。实际上，影响政策的往往是较为外围的团体，如地方企业合作伙伴关系（Local Enterprise Partnerships，LEPs）、英国工业联合会（Confederation of British Industry，CBI）等其他机构。然而，鲜有实证证据能表明，这些政策（无论初衷如何）对实际执行者产生了积极的实际影响。此外，研究成果的使用在其他场合也不多见。如雷文（Raven 2017）所述，2002年，兰德里（Landry）与决策者合作，分析了研究如何影响决策者的实际操作。然而，仅8%的人认为研究充分影响了他们的工作，另有38%的人表示，研究可能偶尔会影响他们的工作。当然，并非所有政策决策都需要"研究"支持，也不是所有研究结果都具有一致性或相关性，否则政府在执行政策时所面临的工作就简单多了。此外，如果政策制定的出发点是意识形态，实施起来就会越发复杂。例如，自1997年以来，工党和保守党相继执政，通过立法推动了新自由主义教育政策和结构的崛起。

继续教育学院不得不在管理主义和新自由主义的背景下运作。本书各章节将深入探讨这种环境对学院的引导和管理以及对师生员工的影响，同时分析其对竞争对手、英国经济及整个社会的影响。

尽管英国教育标准局（Ofsted）、教学卓越和学生成果框架（TEF）以及其他的督导和审计制度在某种程度上并未为研究提供足够的空间，本书仍着眼于管理主义和新自由主义对大学所产生的影响，提出了一系列观点。格雷（Gray 2017，41）在研究英国一些考试委员会时曾表示："我们认为，最佳的知识来源是优秀的业内行家"，而并非从原始数据和结果出发进行逐步分析。她进一步强调，这种方法有助于"审查参与者报告"。泽姆贝拉斯（Zenbylas 2003，220）指出："业内人士的研究很难包含客观的观察和分析；实际上，它是特定制度背景下个人选择与文化工具相互作用的结果。"虽然在所有社会科学研究中，这一观点可以接受，但业内人士的研究确实"只能受限于研究者自身的组织、政治经验和背景"。客观性立场非但不是问题，更意味着业内研究者通过反思和内省赋予研究真实性：

> 反思研究说明，研究者在研究过程中正视并揭示自身角色，努力理解自身在研究中所发挥的作用及产生的影响。学者不应试图淡化自身存在（作为探索世界的一部分，此举并不现实），而应理直气壮地出现在读者面前。（Cohen 2017，303）

在对广大教育领域进行深入探究与分析的过程中，运用这样的研究方法并非独创。伦敦大学学院教育学院（IOE）的研究人员在执行"考试标准项目"时，已明确地将案例研究法确立为探索各国教育标准体系的理想方法。这是因为案例研究法能够"使每个案例在原有环境中得到充分呈现，并为每个案例提供多个分析单元"（Yin 2014，50）。此外，在以下特定情况下，案例研究法相较于其他研究方法具有显著优势：（1）研究的核心议题为"如何"或"为什么"；（2）研究者无法操控行为事件；（3）研究焦点为当代现象（而非历史性现象）（Yin 2014，2）。

正如赛克斯和波茨（Sikes and Potts 2008）所言，以被研究社区的成员身份进行行业研究是"理所应当"的。格雷（Gray 2017）指出，这使得行业研究者得以将自己视为具有反思能力的实践者，这一观点可追溯至杜威（Dewey 1933）、斯滕豪斯（Stenhouse 1975）及舍恩（Schön 1983）等人的研究。杜威在 1933 年出版的《我们如何思考》一书中详细阐述了这种思考过程的教育价值，并认为其具备自觉、理性、怀疑精神和逻辑性等特质：

> 反思性思维是指对某种信念或假设的知识形式的依据以及其所能推导出的后续结论，进行积极主动、持久深入、细致入微的审视和思考。（Dewey 1933，6）

采用"叙事探究"方法的首要原因是其灵活性。麦克唐纳（McDonald 1996，72）回顾了随机对照试验如何成为社会科学研究的"黄金标准"，但他承认，随着其他方法为研究人员提供更大的灵活性，随机对照方法的地位正在逐渐减弱。他指出，这种试验设计了一个无可置疑的固定方案，以及一个"标志性的预定规范"（McDonald 1996，73）。然而，如果在现实世界中应用这些设计和规范，研究人员需要事先明确要寻找的目标，以验证或反驳一个观点或特定的理论框架。同样的方法也需要广泛的试点工作，以探索哪些方面可行，哪些方面不可行。哈默斯利（Hammersley 2000）列举了"质性设计"的合理之处。这些设计源于一系列的理论立场，如阿纳斯塔斯（Anastas 2004；Anastas and MacDonald 1994）所说，需要一定的灵活性。

领导、管理与行政

在本书中，涉及组织中人员职务时，常提及"领导"、"管理"和"行政"等词语。然而，这些词语在文献中时常互换使用，且定义并不明确。康诺利等人（Connolly et al. 2019）指出，"管理"一词通常与管理等级权力相关，源于韦伯（Weber）的官僚制理论。在教育领域，他们认为，管理者是对教育系统部分负责的人员，而管理与行政之间的区别主要体现在级别高低。职位较高者可能是管理者，较低者则更可能为行政人员。然而，布什（Bush 2019）提出，在澳大利亚和美国，"行政人员"一词常替代"管理者"。康诺利等人（Connolly et al. 2019）表明，"教育领导"这一术语存在两种用法。首先，根据英国惯用语，以往的"主任教师"（head teacher）已更名为"学校领导"（school leader）。其次，"领导"一词亦用于形容那些因魅力而能引领、影响和激励他人的人。

本尼斯（Bennis 1989）提供了表格（表 1.1），用以阐述管理者和领导者的区别。尽管该对比在一定程度上稍显过时，但仍旧能够说明关键的区别。

表 1.1 管理者和领导者的区别

管理者	领导者
落实执行	锐意革新
复制意见	独树一帜
维持现状	寻求发展
着眼体系	着眼于人
依靠强制	激发信任
目光短浅	目光长远
询问如何做、何时做	询问做什么、为什么
关注底线	关注全局
尽力模仿	开拓创新
接受现状	挑战现状
服从命令，不加质疑	服从正确命令，独立思考
把事情做对	做对的事
接受培训	探索学习
墨守文化成规	努力创造文化

来源：本尼斯（Bennis 1989）。

然而，这类差异主要局限于文字表述，因为多数担任中学或学院中层及高级职务的人员均同时承担领导、管理和行政职责。实际上，因为领导力下放，在学校或学院工作的人员在必要时均需具备担任领导角色的能力（Lumby 2017）。

技术理性环境

本书深入探讨了自上而下的战略对继续教育部门推行政策和实践所引发的影响，并提出了一系列更为务实且民主的策略。从长期角度来看，这些策略将有利于整个行业的发展。事实上，在教育政策的制定、实施和评估过程中，技术理性无处不在。它的特点是自上而下推行，对成果加以衡量，使教育领导者处于复杂多变的情境中进行决策和判断。

在继续教育所处的环境下，财政压力、实现目标和展示成果的要求往往优先于保护和维持可贵的教育价值观，这种价值观具体而言就是让学生过上充实的生活，而不仅仅为就业获得基础的技能或知识。本研究引用了杜威（Dewey 1916）、邓恩（Dunne 2015）、卡尔（Carr 1995）和萨拉森（Sarason 1996）等人的观点，他们指出，这些策略可以确保工作更持久、更务实，并服务于大众的价值观。

然而，技术理性导致领导者的培训与发展主要侧重于机构运营、财务管理和数据操控。这一现象导致教育领导者和他们的团队在面对诸多久拖不决的问题时，无法找到解决方案，而个人、机构和部门都为此付出了巨大代价。研究表明，此类现象为时已久。继续教育和技能部门日益注重盈利，而牺牲了学生的学习效果。

显然，要接受自上而下、秉持技术理性的教育管理，首先就很难认可一个假设：政策的影响是显而易见、一目了然、毫无疑义、清晰可测的。因为这一假设并未意识到，影响往往是变化过程的一部分，教育政策可能产生意想不到的后果。此外，实践环节是一个复杂的过程，其运行环境亦难以分析。实际上，教育领域中某些要素，如教师的职业热忱、同理心以及个人魅力等，几乎无法实现量化评估。

定位与拨款

在本报告撰写之际，英国继续教育和技能部门多年来的资金短缺问题依然突出（Orr 2020）。超一半继续教育机构依赖额外的政府资助，否则将面临破产风险。因此，"测量"该行业活动及影响的督导和监管机构增多，包括但不限于英国教育标准局（Ofsted）、继续教育专员办公室（Office of FE Commissioner）、学生事务办公室（OfS）、教育和技能资助机构（ESFA）、学徒制和技术教育研究所（IFATE）、资格认证办公室（Ofqual）、高等教育质量保证机构（QAA），以及教育与培训基金会（ETF）和继续教育领导力信托基金会（FETL）等支持机构。然而，在满足上级组织要求的同时，无论从经济角度还是人力角度看，所有这些机构的运营成本都是巨大的。2011 年，负责 16~18 岁青少年教育结构重大改革的沃尔夫女男爵（Baroness Wolf）指出，过多的公共资金被用于满足督导和审计制度的要求，而非满足一线教学活动的资金需求。此外，自 2012 年起，高等教育改革导致高等教育与继续教育之间的生均拨款差距扩大至平均 5000 英镑。

　　埃克斯利（Exley 2020，124）曾问道："是否存在过一个继续教育的黄金时代？"他深入分析了一系列政策推动者，从利奇勋爵到林菲尔德爵士，他们都试图缔造这样一个黄金时代，但均未成功。尽管前首相鲍里斯·约翰逊（Boris Johnson）在 2021 年为 16~18 岁的学习者提供了 4 亿英镑的资金注入，以提高拨款基准，但这并未弥补 2010/2011 学年至 2018/2019 学年对 16~18 岁继续教育资金 12% 的实际削减，这笔资金已低于第六学级学院的公共资金。事实上，增加的资金仅填补了所削减资金的 7%。此外，成人学习拨款遭受了更为严重的削减。在不考虑学徒人数的情况下，职业教育学生人数从 2009/2010 学年的 440 万降至 2018/2019 学年的 150 万。这一变化导致该部门岗位减少了 9 个百分点（1.2 万名全职员工）。2019 年，东海岸学院（East Coast College）校长曾表示：

　　　　许多职业院校的校长思想陈旧，念念不忘脱离地方教育局（LEA）控制的舒畅心情、更高的薪资以及自主管理的承诺，可是这些承诺从未得以实现。企业化并未确保各校、教职工及学生的权益，未能保障持续的资金投入，也未能维持高标准，而且自1992年以来也未能保证来自政府高层的支持得以延续。

正如埃克斯利（Exley 2020）所言："学院争取到了自由，但为此付出的代价是沉重的。"继续教育机构所面临的挑战绝非难以战胜，但要克服这些挑战，需要在态度、视野和理念等方面实现实质性的转变。

参考文献

Anastas, J.W. 2004. *Quality in qualitative evaluation: Issues and possible answers*. Research on Social Work Practice: Sage.

Anastas, J.W., & MacDonald, M. 1994. *Research design for social work and the human services*. New York: Lexington Books.

Bennis, W. 1989. *On becoming a leader*. London: Prentice Hall.

Bush, T. 2019. Distinguishing between educational leadership and management: Compatible or incompatible constructs? *Educational Management Administration and Leadership* 47: 4.

Carr, W. 1995. Education and democracy: Confronting the post-modern challenge. *Journal of the Philosophy of Education* 29 (1): 75–91.

Coffield, F. 2011. *Pedagogy, power and change in vocational education*. London: Institute of Education, University of London.

Cohen, et al. 2017. *Research methods in education*. London: Routledge.

Connolly, M., C. James, and M. Fertig. 2019. The difference between educational management and educational leadership and the importance of educational responsibility. *Educational Management Administration and Leadership* 47 (4): 504–519.

Dewey, J. 1916. *Democracy and education: An introduction to the philosophy of education*. New York: Macmillan.

———. 1933. *How we think: A restatement of the relation of reflective thinking to the educative process*. Chicago: Henry Regnery.

Dunne, W. 2015. *Public policy analysis*. London: Routledge.

Exley, S. 2020. Blame or betterment?: Regulation and intervention in further education. Further Education Trust for Leadership.

Gray, L. 2017. *Overcoming political and organisational barriers to international practitioner collaboration on national examination research: Guidelines for insider researchers working in exam boards and other public organisations*. AQA.

Gregson, N., et al. 2015. Interrogating the circular economy: The moral economy of resource recovery in the EU. *Economy and Society* 44 (2): 218–243.

Hammersley, M. 2000. The relevance of qualitative research. *Oxford Review of Education* 26: 3–4.

Hodson, et al. 2014, February. Neoliberalism at work. *Social Currents* 1 (1): 91–108.

McDonald, L. 1996. *The early origins of the social sciences*. McGill-Queen's Press.

Orr, K. 2020. A future for the further education sector in England. *Journal of Education and Work* 33: 7–8.

Raven, N. 2017. "Challenges and opportunities for widening participation: The practitioners" perspective. In *Widening participation in the context of economic and social change*, ed. S. Broadhead, M. Hill, A. Hudson, C. McGlynn, S. McKendry, N. Raven, D. Sims, and T. Ward, 269–293. London: Forum for Access and Continuing Education.

Sarason. 1996. *The predictable failure of education reform*. San Francisco: Jossey-Bass.

Schön, D.A. 1983. *The reflective practitioner: How professionals think in action*. New York: Basic Books.

Sikes, P., and A. Potts. 2008. *Researching education from the inside investigations from within*. Routledge.

Stenhouse, L. 1975. *An introduction to curriculum Research and Development.* London: Heinemann.

Yin, R. K. 2014. *Case study research design and methods*. 5th ed. Thousand Oaks: Sage.

Zembylas, M. 2003. Emotions and teacher identity: A post-structural perspective. *Teachers and Teaching* 9: 3.

第二章　继续教育面对的困扰

本章描述继续教育的定位及其历史，将英国继续教育置于国际背景下，介绍继续教育学院当前所面临的问题，并提供本研究的部分背景信息。

继续教育领域概况

继续教育学院的代表机构是学院协会（AOC），每年都会发布一份关于英格兰各学院的主要情况和数据概述。以下内容主要来源于最近的一份报告（AOC 2021）。

"学校"这一概念深入人心，因为每个人至少都有过在一所学校就读的经历。在英国，综合性大学因其很高的知名度而广为人知，频繁出现在各类新闻中。然而，相较于学校及综合性大学，继续教育学院被公众了解的程度则相对较低。截至完成此报告时，英格兰共有 234 所继续教育学院，规模和办学重点差别巨大，详情请参见表 2.1。

表 2.1　继续教育学院类别统计

类别	数量 / 所
普通继续教育学院	163
第六学级学院	47
艺术、设计、表演艺术学院	2
农业学院	12

续表

类别	数量 / 所
成人学习机构	10

来源：学院协会（AOC 2021，2）。

在 2019/2020 学年，英国有 170 万人在继续教育学院深造或接受培训。其中约 100 万人为 18 岁及以上的成年学员，65.2 万人为 16~18 岁的青少年学生，而 14 岁或 15 岁的学生共计 1.05 万人。继续教育的学生平均年龄为 28 岁。值得一提的是，继续教育学院及第六学级学院共同承担了超过三分之一 16~18 岁学生的教育重任，详情请参见表 2.2。

表 2.2 16~18 岁学生在各教学机构中的比例

类别	百分比 /%[*]
继续教育学院和第六学级学院	34
所有公立学校	25
高等教育机构	12
未受教育或未就业	7
就业	7
独立学校	5
学徒	5
其他教育或培训	5
特殊学校	1

来源：学院协会（AOC 2021，14）。

[*] 百分比相加为 101%，原著如此。——译者

这些学院提供多种多样的资格证书，包括：

- 15 万名 16~18 岁学生参加了高级水平普通教育证书（A level）考试。
- 19.8 万名学生重新参加普通中等教育证书（GCSE）数学和 / 或英语考试。

- 57.9 万名学生选择科学、技术、工程和数学（STEM）学科。
- 5.5 万名 16~18 岁学生在一所学院当学徒。
- 11.8 万人在英国继续教育学院学习高等教育课程（AOC 2021，9）。

尽管所述资格范围涵盖初级到硕士级别，但多数与工作密切相关［包括商业与技术教育委员会（BTECs）证书及新型的技术等级（T level）］，侧重于职业而非学术（如 A level）。

在各类高等教育机构中，绝大多数 16~18 岁青少年接受全日制教育，而年龄较大的大多数学生则选择非全日制方式进行学习。成年人（19 岁及以上的群体）或许正致力于获取资格证书，或参与成人和社区学习课程。值得注意的是，成人和社区学习课程并不一定颁发资格证书，而是通常以非全日制形式开展，课程内容丰富多样，包括瑜伽、健康烹饪以及计算机入门等（Education and Training Foundation 2020）。此外，大学作为庞大的用人单位（雇用了约 10.5 万名全职员工，其中 5 万名是教师）和消费主体，2019/2020 学年的总收入超过 60 亿英镑（AOC 2021，27）。

继续教育的历史

为继续教育给出精确的定义并非易事。即使是本书的作者，三位拥有六十多年教学及研究经验的资深人士，在探讨继续教育学院的核心职责、继续教育学院与其他教育机构（如大学或独立培训机构）以及与国家的关系等问题时，也曾多次展开争论。这同样是研究人员和立法者所面临的问题。英国教育历史始终充斥着无处不在的竞争，而 2010 年《学院法》实施以来无疑更是导致了一系列管理主义的方法（如制造业中采用的管理方法，包括"直线管理"等）在行业内普及起来。然而，对继续教育历史的研究表明，在 1992 年《继续教育和高等教育法》颁布之前，以市场为导向的新自由主义方法已然存在。关于这一问题，我们将在第三章中做更为详细的探讨。

英国四个地区各自执行独特的继续教育拨款机制和体系。以苏格兰为例，其继续教育学院与地方政府的协作较为紧密，同时，苏格兰和威尔士的继续教育学院中，升入高等教育的学生比例均高于英格兰。尽管这些地区的教育体系与继续教育学院存在一定共性，但差异亦不容忽视。在此，本文重点关注的是英格兰的继续教育。

1992 年《继续教育和高等教育法》是英格兰继续教育的里程碑，然而其起源值得深入剖析。继续教育机构的历史可追溯至 19 世纪初由企业家创立的技工讲习所，初衷是为工人提供技术培训。当时国家并没有意识到讲习所的作用是为劳动者提供技术培训（Green 1995）。直至 1889 年，为了在与其他欧洲国家的竞争中保持竞争力，政府才意识到国家参与职业教育的必要性，进而颁布了《技术指导法》。依据该法案，成立了地方委员会，以推动技术教育的发展，并为相关机构提供资助，所需的经费来源于威士忌税。

1902 年的《教育法令》推动了英国教育的进一步发展，地方教育局（LEA）得以设立。这些机构受命管理学校教育，包括技术教育。然而该法令执行得非常松散，导致各地区实施条款存在较大差异。1944 年的《教育法令》设立了一个正规的继续教育部门，负责为学龄后学生提供全日制和非全日制教育，并逐步转向全日制学习。然而，条款的实施因各地教育局的工作重心和视角而有显著的不同，很大程度上取决于学院与雇主之间的联系（Waitt 1980，402）。大部分条款涉及工艺培训和技师学徒。

"二战"后，雇主们逐渐承认了技术培训的重要性。然而，由于财政紧张，地方教育局鲜有资金投入技术学院。直至 20 世纪 50 年代末，随着经济增长，技术学院才开始扩大规模，以满足当地企业的需求，包括提供学徒培训（Waitt 1980）。直至 20 世纪 60 年代，工业培训委员会才得以成立，负责制定各行业的培训政策、教学大纲及资格证书（1964 年《工业培训法》）。然而到了 70 年代，英国强大的工业基础日渐衰落，学徒人数也相应减少。因此，大学开始从传统的非全日制工艺课程转向提供更多全日制课程，包括 A level 以及商业教育委员会（BEC）和技术教育委员会（TEC）的资格。这些课程为职业资格认定提供了全国统一的课程安排和评估方法（Doughty 2015）。进入 80 年代，随着雇主越来越期望员工具备高级职业技能，越来越多的年轻人选择在 16 岁后继续接受教育。为了体现其更广泛的作用和多元服务，职业院校开始将名称从技术学院改为继续教育学院（Smithers and Robinson 1993）。政府也逐渐认可了继续教育学院在经济中的重要地位（Simmons 2008）。

1986 年，英国政府推行国家职业资格证书（NVQ）制度。这一举措为理论主导的课程提供了更为丰富的实践活动，从而与传统的工艺资格认证形成了竞争。在此背景下，政府逐步加大了干预力度，直至 1992 年实施《继续教育和高等教育法》，才将继续教育机构从地方教育局的控制中解脱出来，使其转变为"独立"的法人实体。与此同时，技术学院也脱离了地方教育局的控制，升格为大学（后被称为 92 后大学）（Goldstone 2019）。关于这一变革产生的影响，详见第三章内容。

1992 年《继续教育和高等教育法》颁布之后，1993 年 4 月，所有继续教育学院（作为继续教育领域的重要部分）转变为"独立"法人机构。这意味着继续教育学院的资助来源从地方当局转为继续教育资助委员会（Further Education Funding Council，FEFC，一种准自治的非政府组织，半官方机构）。许多原本由地方教育局完成的事务，如今必须由学院自行承担。因此，他们开始聘请会计师、人事经理、房地产经理和会计人员。在某些情况下，这些人组成大学高级管理团队，取代了以前有学术背景的部门负责人担任的角色和职责（Baldwin 2003）。在企业化之前，继续教育学院的系主任主要关注学术问题、教育价值和课程设计。然而，企业化之后，他们更加关注盈亏问题和达到财务要求的"底线"。

伴随着"企业化"的落实，继续教育资助委员会（FEFC）实施了一系列管控、审计以及内外部督导制度，以规范继续教育学院的工作（Doughty 2015）。在此背景下，对每个学生的资助金额都有所削减，继续教育机构需要跟附近的学校及第六学级学院争抢生源。招生不足或学业成绩欠佳会导致经济处罚，但只要设定更高目标并达成，继续教育学院及其他教育机构仍然可获得奖励。教辅人员必须通过招聘来补充，却并未获得额外的资金支持。此外，因为雇主在管理机构中开始起主导作用，学院开始采用市场通用的术语和做法，成立营销部门，打造机构商标与品牌形象（McTavish 2003）。高层管理人员需要熟悉会计实务与流程，因此许多学院的校长一夜之间转型为首席执行官（Baldwin 2003）。

杰夫科特（Jephcote）于 1996 年指出，一系列的发展变革促使继续教育学院文化发生急剧转变，由原先的提供者主导转向客户主导。在新自由主义教育态度日益壮大的背景下，学院管理者愈发关注竞争和资产负债表。因此，商业、贸易和会计领域的语言及价值观不仅主导了教育话语，还开始对整个行业实践产生影响。

长期以来，继续教育的改革不仅始终呈现碎片化态势，而且停留在纸上谈兵的阶段。事实上，继续教育在衔接中学教育与传统高等教育之间发挥着至关重要的作用。作为雇主的需求延伸，它对改变数百万年轻人的生活至关重要，但这些方面一概没有得到清楚的认识。

新工党政府执政期间（1997—2010 年），继续教育的这种特征贯彻始终。2000 年 11 月，英国皇家首席督学兼教育标准局（Ofsted）负责人克里斯·伍德黑德（Chris Woodhead）辞去职务，为《每日电讯报》撰写文章，对新工党的教育政策提出严厉批评。他的离职被一些人视为"卸下了压在士气和希望上的沉重包袱"（Roberts 2010）。在此时期，继续教育领域经历了显著变革。例如，教育慈善机构萨顿信托基金会（Atherton 2000）在《进入一流大学》报告中揭示，7% 来自私立学校的学生占据了顶级大学 39% 的录取名额，私立学校学生获得名校录取的机会是贫困地区公立学校学生的 25 倍，因此英国财政大臣戈登·布朗（Gordon Brown）公开抨击牛津大学和剑桥大学的"旧式精英主义"（《卫报》，2000 年 5 月 26 日）；高等教育国务大臣玛格丽特·霍奇（Margaret Hodge）也承认，新工党迄今未能成功扩大高等教育覆盖范围，政府未来目标"必须承诺让更多来自低收入家庭的学生入学"（《卫报》，2002 年 6 月 24 日）。然而，与 2001—2002 年任教育大臣的埃丝特尔·莫里斯（Estelle Morris）一样，霍奇否认是学费阻碍了贫困家庭学生的申请。有人向她指出，苏格兰没有预付学费，已经实现了 50% 的入学率。她回答说，进行这样的比较"过于简单并产生误导"（《卫报》，2002 年 6 月 24 日）。她的观点带来了一系列针对 14~19 岁课程的改革建议。

2002 年 2 月，埃丝特尔·莫里斯发布了绿皮书《扩大机会，提高标准》（DfES 2002），阐述了她关于教育改革的一系列建议，其中包括"第四关键阶段国家课程的新架构"（通常涉及 14~16 岁年龄段的教育）：

> 我们计划推行更多职业资格及新的混合资格，将传统普通科目与职业应用相结合。新资格将保持稳健优质。我们将统一以单一科目名称命名所有普通中等教育证书（GCSE）及高级水平普通教育证书（A level），避免职业标签化。我们提议在 A2 试卷中设置更高难度的问题，以促使高水平学生展现更高层次的理解，进而实现学业成绩的突破。新一代现代学徒制将全面融入 14~19 岁青年职业发展路径。（DfES 2002，20）

继绿皮书之后，"教育部史上规模最大的一次咨询活动"（Chitty 187），包括 58 个区域性的 14~19 岁学习者研讨会，隆重举行并收到了大量书面回复。"这些气氛热烈的活动"（Chitty 2009，188）产生的成果体现在 2003 年 1 月发布的咨询文件《14~19 岁：机会与卓越》中，莫里斯的继任者查尔斯·克拉克（Charles Clarke）在该文件中提出了建议。政府还提出了"三项改革以解决职业教育的薄弱环节"（DfES 2003b，7）：

- 新的混合型普通中等教育证书（GCSE）课程旨在满足学生的个性化需求，除了八门职业 GCSE 科目外，学生可根据自身兴趣和能力，选择学术或应用轨道进行学习。
- 现代学徒制将会得到优化与拓展。
- GCSE 或 A level 不再被分为"职业"或"学术"的范畴。从学业水平的角度来看，工程学应与数学或艺术和设计享有同等地位（DfES 2003b，7）。

新成立的工作组由英国前首席督学迈克·汤姆林森（Mike Tomlinson）担任主席，他的职责是研究职业教育、评估及资格框架的完善如何助力 14~19 岁青少年学习者的成功蜕变与持久转型（DfES 2003b，7）。

2004 年 10 月 18 日，在提交给查尔斯·克拉克的《14~19 岁课程和资格改革》报告中，英国教育部委托的 14~19 岁改革工作组明确了以下几个问题（Tomlinson 2004，4）：

- 16 岁以上人群的教育参与率较低。
- "应用数学、读写、沟通以及信息与通信技术"领域的技能水平低。
- 职业课程和资格证书的地位不高。
- 缺乏挑战性，尤其对于优秀学生群体来说。
- 考试压力较大。
- 学术与职业资格认证体系的复杂性较高，透明度不足。

该报告提出了如下建议（Tomlinson 2004，6, 12）：

- 引入必修的"核心科目"，包括"实用性"科目（数学、信息及通信技术和沟通技巧）和"更广泛的活动"，如实习工作、有偿工作、志愿工作和家庭责任。
- 采用延伸的项目式学习替代课程作业。
- 用四个级别的新的单一模块化文凭取代 GCSE、A level 和职业资格证书：
  —— 入门级（相当于 GCSE 预科）；
  —— 基础级［相当于 GCSE 的 D-G 级，普通国家职业资格证书（GNVQ）初级，国家职业资格证书（NVQ）1 级］；
  —— 中级（相当于 GCSE 的 A*-C 级，GNVQ 中级，NVQ 2 级）；
  —— 高级［相当于普通教育证书（GCE）、澳大利亚维多利亚州教育证书高级课程（VCE AS）和 A level，以及 NVQ 3 级］。
- 减少考试次数。

- 通过难度更高的附加 A level 论文来促使优生成长（Tomlinson 2004，90）。
- 为学生提供成绩单。

委员会指出，在其提案中，尽管部分提案能够更快地得到采纳，然而仍有许多提案至少需要十年时间才能彻底落实（Tomlinson 2004，14）。

吉拉德（Gillard 2018）说，汤姆林森的建议得到了时任英国首席督学大卫·贝尔（David Bell）和资格证书课程管理局（Qualifications and Curriculum Authority）局长肯·波士顿（Ken Boston）博士的赞同。2005 年 2 月 21 日，英国联邦教育特别委员会主席巴里·谢尔曼（Barry Sheerman）在《卫报》发表文章，认为在托尼·布莱尔（Tony Blair）任首相期间，政府所做的决策将是"教育领域最重要的决定"。然而，商界人士对改革表示担忧，认为其造成的成本和破坏远超任何长期利益。显然，布莱尔对汤姆林森的上述提议不以为然。2004 年 10 月 18 日，克拉克将汤姆林森报告提交至下议院，他首先对工作组表示感激，接着"发自肺腑"地称赞了报告，并表示：

> 我的目标是在任何制度变革中，都不断提升公众对制度的信心。因此，我的策略将立足于现有体系的全部优势，包括 A level 和 GCSE 的真实性和巨大优势。汤姆林森报告确认了 A level 和 GCSE 在教育体系中应有的位置，并将持续地以此二者作为未来任何新体系的基石。[英国下议院议会议事录（Hansard），2004 年 10 月 18 日，第 644—645 列]

托尼·布莱尔并未亲临辩论现场，然而他在当晚于伯明翰举行的英国工业联合会会议上发表讲话：

> 改革的目标在于优化现有制度，而非将其取代……GCSE 和 A level 将继续保留，外部评鉴考试亦将维持。此次改革将有助于补

足现有体系的短板，对于追求高等教育的优秀学生而言，他们所面临的挑战将加大。读写能力、计算能力以及信息与通信技术技能将受到更多重视，职业教育亦将得到优化。(《卫报》，2004 年 10 月 19 日)

尽管汤姆林森的提议遭受拒绝，但该报告在 2005 年催生了关于 14~19 岁学习者教育和技能的白皮书。该白皮书基本保留了布莱尔的主要论述，并促使汤姆林森改革的淡化版本被引入继续教育学院和学校的合作，为特定部门提供教育和培训。然而，2010 年保守党 / 自由党联合政府上台后，这些改革措施立即被全盘否决，同时用于推动协作关系的数百万英镑资金也全部白费，舆论称"打了水漂"。

2003 年 1 月，经历了 18 个月的媒体揣测、四次发布会延期以及据部分知情者透露的布莱尔内阁的严重分歧，终于，白皮书《高等教育的未来》姗姗来迟（Chitty 2009，206）。该白皮书宣称：

实现大学及学生资助系统的可持续发展，没有简单易行、不伤筋动骨的政策。规避必要的艰难抉择，必将加大退步的风险，导致学生及整个国家遭受损失。(Department for Education and Sciences 2003，5)

据此，以下措施得以提出（DfES 2003，5）：

- 大幅度提升对科研及知识传播的资助力度，推动全球顶级人才培育，同时强化高校在区域经济发展中的支持作用。
- 优化教学质量，并奖励做出卓越贡献的教育者。
- 扩大高等教育受众，以满足个人和经济对高端技能需求的不断提升。
- 采取恢复助学贷款、分担费用以及撤销所有学生预付学费等措施，以扶持来自弱势背景的学生，进而促进学生提升学业表现、激发个人抱负。

- 允许大学每年为每门课程落实来自毕业生捐款的 0~3000 英镑费用——在毕业生就业后，按照个人支付能力进行合理支付。
- 协助高等院校设立捐赠基金，为其提供长期稳定的财务保障。

2003 年 4 月，在英国政府发布白皮书之后，教育与技能部公布了《扩大高等教育参与率》绿皮书，建议成立"公平招生办公室"（Office for Fair Access）并明确了其职责范围。该办公室的核心职责是"进行评判，以确保大学在实施可变学费政策的情况下，能够采取相应措施以实现扩大招生的目标"（DfES 2003a，21）。2004 年，该法案以五票优势获得立法通过。

终身学习

在 2018 年的研究中，吉拉德（Gillard）对教育史进行了深刻剖析。他指出，尽管已实施多项政策，并处在大卫·布伦基特（David Blunkett，前教育和就业大臣、内政大臣、就业和养老金大臣）的监管下，第一届新工党政府为成人教育和终身学习提供的服务或支持仍未能实现预期成果（Chitty 2009，230）：

> 2001 年 10 月，鉴于个人学习账户虚报骗补行为日益引起关注，英国时任教育大臣埃丝特尔·莫里斯宣布暂停个人学习账户：警方已对 300 家个人学习账户提供者启动调查。18 个月后，《观察家报》（2003 年 6 月 8 日）公布的数据显示，1998—2002 年期间，成人教育和技能提升项目投入资金 6.63 亿英镑，然而在此期间报名参加成人教育课程的人数从 111.5 万人减少至 104.2 万人。同时，参与现代学徒制的成年男性人数也呈下降趋势，自 18.83 万人降至 15.14 万人。

针对所述挑战，英国教育与技能部（及其他三个政府部门）发布了一份名为《21 世纪技能：实现潜力》（2003 年 7 月）的政策文件，此举重启了全国范围内的技能战略。该战略目的在于确保企业拥有助力自身事业成功的必要技能，同时个人具备实现就业和自我提升所需的技能（DfES 2003b，11）。在此背景下，雇主将对接受公共资助培训享有"更大的选择和控制权"，而缺乏基本就业技能的个人则可免除学费（DfES 2003b，13）。

资格认证框架将进行改革，使之"更为灵活，更能适应雇主与学习者的需求"（DfES 2003b，14）。现代学徒制将得到巩固和拓展，成人学习和技能的资金拨付也将进行改革，旨在"推动培训提供者与雇主的合作，同时减轻官僚主义"（DfES 2003b，14）。

为确保政府与教学机构的高效协同，英国将组建全国技能联盟，该联盟将主要政府部门、雇主及工会代表会聚在一起，形成一种全新的社会伙伴关系，并与各大主要教学机构联动，共同致力于提升学习者的技能水平（DfES 2003b，15）。

课程设置

长期以来，究竟应由谁来掌控并决定继续教育课程设置的问题引发了广泛争议。近年来，诸多大型雇主对大学应提供何种课程表达了越来越多的干预意见。从"开拓者"（Trailblazers）这一机构的最新动态可以看到一个典型的例子（该机构中的雇主团体联手策划学徒制课程，没有教育机构参与其中），该机构也参与了方兴未艾的学徒制和技术教育改革。为争夺招生对象，包括一系列私人培训机构在内的继续教育学院竞相展示"教育成果"的进展，因为对他们的拨款数额正是由此而定。机构已通过资格成就率（Qualification Achievement Rate, QAR）报告将这些成果公之于众。收益竞争的加剧，使得部分教育机构在关乎未来发展前景和产出成果的关键问题上，如课程设置、授课地点等，不遗余力地追求拓展。众多继续教育学院纷纷在校本部之外开展业务。例如，目前纽卡斯尔学院集团旗下管理的一系列继续教育分院，从伦敦延伸至纽卡斯尔，遍布各地。

这种新的资助制度继而催生了一系列课程和资格认证类型，这些类型通常通过不同程序获取资金，并附带各式绩效评估准则。实际上，在2005—2015年期间，英国继续教育行业拨款管理措施经历了5次调整，资助机构也发生了7次变动。对比起来，高等教育机构在过去30年中经历的资助机构变化仅有一次。频繁的变化不仅让继续教育学院在数据提供和支持方面疲于应对，还要求继续教育机构依据市场的术语、价值观和行为模式重新审视自身使命和愿景。

资助拨款以市场为导向，意味着招生人数众多的继续教育机构将获得回报。面对政策和资金的迅速变化，继续教育管理部门的高级管理人员面对着学校"不准停摆"的艰巨挑战，既要在紧张的财政和经济环境中求生存，又要满足外部评价体系的要求。他们需要接纳与行业传统代表性特征和立场不同的价值观和实践，包括扩大教育参与率、吸纳更多社会成员，以及充分肯定和重视职业教育的实践（而不是仅仅为了获取一套范围有限的技能，以满足单一雇主的需求）。

细读继续教育学院的使命宣言和策略，可以看出它们在满足教育需求、解决地域性问题以及融入更广泛的教育生态系统方面的应对策略。不同继续教育学院的实际任务可能存在差异。林菲尔德（Linfield 2012）明确提出，继续教育部门至少包含五个主要目标或相关职责：

- 补救中学教育的不足。
- 为社区成员创造终身学习条件，使他们在健康、长寿、幸福的生活和继续教育等方面受益。
- 促进就业（教授职业技能）。
- 提供学术课程（如 A level）。
- 提供高等教育学习。

当前环境下，五个目标可能受制于五种不同的督导机制以及一系列资金和审计制度，全部需要进行管理。

自2016年以来，"职业"一词的应用似乎呈减少趋势。一方面，这或许是因为该词负载过重（职业资格证书的地位相较于学术资格证书略显不足）。另一方面，经济合作与发展组织（Organisation for Economic

Co-operation and Development，OECD）在政治层面强调"高等级专业和技术资格"。事实上，自经合组织报告发布以来，学院协会在描述继续教育部门时已摒弃"职业"一词，而以"专业"和"技术"取而代之。

2015年英国综合支出审查（Comprehensive Spending Review）结束后，时任技能部国务大臣的尼克·鲍尔斯（Nick Bowles）在致继续教育行业的公开信中，赞同要让职业教育迈向更高层次的专业和技术资格的倡议。自此，成人教育的资金投入发生了一定变化。这一变化呼应了商业、创新和技能部（Department for Business, Innovation and Skills[①]）于2015年3月发布的"双重职责"（Dual Mandate）咨询意见，当时由文斯·凯布尔（Vince Cable）担任该部门的内阁大臣。该意见旨在首度明确继续教育行业的发展目标，并引导继续教育学院转向提供更高层次的技能及社区参与（原因是《个人学习记录》这篇论文所载数据显示，继续教育学院提供的更高层次资格证书的数量并未显著增加）。

"双重职责"方法逐步引导继续教育学院更加关注主题性课程概念，而非仅以经济为导向，追求资格认证。"高层次"人才的概念给人们提出了一个简单的问题："高层次"人才到底是什么样的？或许这正是比耶斯塔（Biesta）所提倡的理想教育：不仅能促使人们不断探索新知，而且能实现课程的持续发展。我们还需深入研究观察到的现象，以揭示被动或者主动改变的政策环境对管理者行为是否产生影响，又如何产生影响。

"双重职责"咨询意见承认，相较于其他国家，英国继续教育与高等教育体系存在较大差距，与需要达到的水平尚有距离，影响了英国高水平职业教育的发展（Department for Innovation, Universities and SKills[②]2008，7）。根据经济合作与发展组织（OECD）的数据，当前英国20~45岁的成年人口中，仅有不到10%的人拥有专业教育和培训

---

① 原文误作"Department of Business, Industry and Science"，故更正。——译者
② 原文误作"Department for Industry, University and Science"，该部门缩略词为DIUS，下文相应的中文译名也做出修正。——译者

资格证书，而美国和德国的这一比例分别超过 15% 和 20%。据英国就业能力和技能委员会（UKCES 2010）预测，到 2020 年，英国一半的就业岗位将需要高技能人才。2010 年技能战略指出，英国在关键的中级技术技能方面表现薄弱，而随着工作技能的提升和技术变革的加速，这些技能的重要性日益凸显（Department for Business, Innovation and Skills 2010，4）。该委员会 2011 年的研究发现，英国现有 106.9 万名从事 STEM 领域的技术人员，占劳动力总数的 3.7%。创新、大学和技能部（DIUS）2008 年的报告强调，"大学教育并非仅面向年轻人"，在职成年人也应享有平等接受大学教育的机会。在某些职业领域，达到高级学习水平的学习者可通过简单的学习途径获得资格。例如，2017 年政府发布的数据显示，某些领域的高级学徒的高等教育升学率较高（如会计专业的升学率高达 50%），而其他领域略低（商业管理和儿童保育专业为 19%）。经济合作与发展组织预计，技术性和专业性工种的增加将提高对 4 级（Level 4）和 5 级（Level 5）资格的需求。这一情况与国际趋势存在较大差异。此类情况与国际学生评估项目（PISA）的数据有显著差异，与技术发展计划、经济增长之间也存在更为深入的关联。

国际对比

英国的技能培训方法可以与其他国家进行对比。德美的培训体系与英国不同，但是值得我们深入研究，因为这两个国家的技能培训都经历了漫长的发展。德国体系因其卓越表现而备受赞誉，而美国体系则因其与英国体系的诸多相似之处而值得关注。从本文之前的论述可知，自 18 世纪起，英国在技能培训方面的实践呈现出碎片化特点，主要受经济需求驱动。直至第二次世界大战结束后，英国政府才开始全面介入继续教育领域，导致雇主在技能培训中的角色减弱。学徒制作为一种培训方式曾一度兴起，后来逐渐式微。然而，自 2004 年宣布实施现代学徒制以来，这一制度又重新焕发了生机（Mirza-Davies 2015）。

德国

在英国与德国，学术教育与职业教育界限分明。然而在英国，职业教育着重于纯实践技能与手工艺理论知识的培养，德国则拥有完善的双元制学徒培训体系，它自 1897 年《手工业保护法》实施（Kratz 1990）的一个多世纪以来一直占据主导地位。在这一培训模式下，除了提升学习者的职业技能与知识（Berufliche Tüchtigkeit）外，还关注专业成熟度（Berufliche Mündigkeit）的培养，即促使员工在技能方面的成熟度，批判性地分析自身职业身份，牢记自己承担的社会责任（Haasler 2020）。双元制学徒培训路径不仅服务于发展学习者的职业知识与技能，同时也着重于培养他们的社会与道德能力。

此外，在学习期间，德国青少年可以选择职前培训路线，为离校后融入双元制职业体系做好准备。2017 年，尽管 16 个联邦州实施方式各异，但约有 45% 的年轻人参与了这些职前课程（The Edge Foundation 2018）。选择此路径的年轻人通常每周工作三天，另外两天在职业学校或雇主的培训学校接受职业培训。每周的这两天，学习者致力于掌握与所选职业路径相关的技能与知识，同时，年轻人亦持续学习通识教育课程，如德语、数学和社会研究（Deissinger 2015）。此类培训模式所需时间不一，通常为 2~4 年，具体取决于所处行业或工艺类型。完成培训后，学员将获得由工商会或手工业和贸易商会颁发的证书。德国大约有 330 个政府认可的职业，其培训规则由雇主组织（包括手工业商会、工商会、工会和政府）制定。每个雇主提供的实践培训都必须严格遵循法规所规定的课程内容，并为整个行业提供通用培训，而非针对个别雇主的专项培训，以便员工能够较为轻松地更换雇主（Deissinger 2015）。

德国双元制模式的成功源于其稳定的职业体系、良好的经济环境和较低的失业率。然而，自 2018 年以来，随着职业结构日益复杂和多变、全球经济问题涌现以及移民潮到来，德国就业市场面临压力，学校标准下滑，双元制模式的受欢迎程度和重要性也在逐步下降。

因此，如今有越来越多的年轻人（约占总数的 25%，以女性为主）在步入劳动力市场之前，选择在职业学校接受 2~3 年的全日制培训课程（Haasler 2020）。参加此项培训的年轻人须年满 18 岁，而 15 岁的人群可以选择双元制学徒路径。戴辛格（Deissinger 2015，565）指出，在英国引入德国双元制学徒制存在困难，原因在于德国的双元制学徒制基于"非经济视角"，更加关注学生个体的需求，而英国的职业培训制度虽然在一定程度上基于年轻人的选择，但其资格认证旨在满足明确的经济需求。

美国

与英国职业培训形成对比的国家中，美国颇具代表性。在美国，"上大学"通常指的是攻读四年制学位课程。针对青年群体，职业教育环节可提前至高中阶段，尽管主要课程以学术性质为主，但绝大多数学生至少选修了一门职业技能课程。此外，高中毕业后，许多学生还会选择进入职业学校深造，这一阶段通常在 18 岁左右（Kriesman and Stange 2019）。值得注意的是，多数职业学校或技校为私立性质，收费运营，但其受欢迎程度日益上升。

根据圣埃斯普利特（St. Espirit 2019）的数据，美国中等职业学校的学生人数自 1999 年的 960 万增至 2014 年的 1600 万。然而，多数职业教育项目呈现出碎片化特征，各州、各城市之间的差异较大，通常仅在特定需求或大量需求涌现时才提供。以纽约为例，为满足年轻人对具备职业资格的需求，当地设立了职业和技术教育高中，其中部分为专业学校，如航空高中和艺术与设计高中（CRPE-Heyward 2019）。

在某些场合，青年学子可以选择进入社区学院深造，尽管这些学院的核心职能是为学生提供为期两年的职业副学士学位，这与英格兰的高级国家文凭（HND）或基础学位相当。在完成这两年的学业后，学生还可选择继续深造，攻读为期两年的研究生学位。2015 年数据显示，大约有 46% 的本科生选择在社区学院修读两年制课程。而相比之下，在英格兰的继续教育机构中，修读两年制高级国家文凭或基础学位的学生所占比例不到10%。

　　然而，美国社区学院的两年制课程毕业率相对较低，仅约为13%，而选择四年制学位的大学生的毕业率则约为60%。在社区学院中，低收入家庭以及黑人和西班牙裔背景的学生占比较高。非全日制学生约占65%，学员平均年龄为29岁。大部分全日制学生在攻读副学士学位时会选择在家居住。美国社区学院的年均学费约为3347美元，而大学的年均学费为9139美元（Vlasova 2020）。

　　美国社区学院的高等教育与英国继续教育机构具有众多相似之处。然而，英格兰地区的辍学率相对较低，2017/2018学年约为24%（HESA 2018）。同时，尽管学费差距并不显著，但在继续教育机构深造的学生占全体学生比例要低得多。关于这一话题，将在第六章做进一步探讨。

拨款资助

　　技能教育实施方法所带来的影响，以及国际视野的拓展，共同推动了改革呼声的高涨，而改革本身亦带来了更深层次的挑战。在过去十年间，16~18岁青少年全日制学习结构经历了深度审查与调整，涉及面包括：数学、英语和工作经验的评估以及它们与教育系统的融入；学徒制补助规定的显著变化；授课与评估方式；再培训及失业人员支持课程的优化；成人学习补助政策的变动；以及高等教育院校体系的调整。这些变革在很大程度上得益于与其他政府机构更为紧密的合作，例如地方企业合作伙伴关系（取代了原有的区域发展机构）、英国工业联合会及其他参与实施政府工业战略的机构。

　　然而，这些变革使得继续教育学院在提供教育与技能培训方面面临更为繁重的任务。督导制度变得更加复杂，继续教育的定位也愈发困难。

　　2019年，《奥加尔审查报告》（Augar Review，2017年大选之后发布，当时高等教育的高额学费引发了广泛反对意见）针对18岁以上人群的教育状况进行了深入研究，报告从继续教育与高等教育的关系出发，为继续教育的定位提供了指导，并针对督导与拨款面临的难题提出了可能的解决方案。然而，在 2019 年大选之后，政府组阁的变化使得改革搁浅。后来新冠疫情暴发，使得人们更加重视继续教育在应对社会挑战方面所能发挥的作用。终身学习账户（《奥加尔审查报告》以及近期具有影响力的智库"政策交流"的核心观点）被视为助力失业人员重新接受培训、提升技能的有效途径。然而，引人关注的是，自 2010 年以来，英国成人教育经费的实际削减幅度已超过 22%。

埃克斯利（Exley 2020）认为这一情况造成的损失还在持续产生影响。玛丽·奈伊女爵士（Dame Mary Ney）负责的《学院财务监管独立审查报告》[2019 年 10 月进行调查，2020 年发布报告（DfE 2020）]，指出了继续教育部门存在的一些系统性问题。她批评目前的资金框架和问责制度导致该部门要从大约 10 个来源处获取资金，每年大约 50 所学院要接受督导（其中约 80% 的学院在教育标准局的评级为"良好"或以上），还强调了经常导致该领域出现现金流问题的不稳定性。

2013 年，英国继续教育专员办公室成立，旨在为部长们提供关于继续教育学院财务安全的独立建议。2015—2019 年期间，办公室对继续教育部门进行了区域审查，共促成 57 次合并（其中 46 次获得财政支持）。玛丽·奈伊女爵士指出："为促进继续教育的战略作用，需要调整关注重点。"（DfE 2020）报告发布之际，政府承诺出台继续教育白皮书。玛丽·奈伊女爵士呼吁为该行业制定"国家战略愿景"及"地方规划"。继续教育专员办公室的远景规划与之一致，一直在为继续教育的未来发展擘画蓝图（DfE 2020）。此进程始于一篇文章，它论述让继续教育占据"一席之地"的重要性和继续教育所担负的"公民职责"。

结论

多年来，继续教育的角色、评估方法及资助方式不断历经变革与挑战，从而衍生出各种复杂且不断演进的体制。这些体制深刻地触及继续教育的定位与目标核心，进而对资金、督导、监管及其他管理部门的干预产生影响。要深入了解当前继续教育部门所处的环境及体制，关键在于剖析其发展历程及演变过程，这包括外部社会、经济和政治力量在不同的关键时期如何影响地方决策。近年来，16岁以上人群的教育领域经历了重大变革，呈现出庞大且多样化的特点。然而，一系列政策举措表明，复杂的政治、意识形态和文化力量已渗透至整个继续教育领域，覆盖了国家和地方层面。为了解释这一现状背景，第三章将探讨利益相关者、教育理论家和政府如何衡量与理解继续教育。

参考文献

Association of Colleges. 2021. *College key facts*. Association of Colleges.

Atherton, G. 2000. *Room at the top, access and success at leading universities around the world*. The Sutton Trust.

Augar, P. 2019. *Independent panel report to the review of Post-18 education and funding*. Department for Education.

Baldwin, J. 2003. *The management styles of further education managers during rapid and extensive change. A case study*. Unpublished PhD Thesis, Nottingham University.

Chitty, C. 2009. *Education policy in Britain*. London: Palgrave Macmillan.

Deissinger, T. 2015. The German dual vocational education and training system as 'good practice'? *Local Economy* 30 (5): 557−567.

Department for Business, Innovation and Skills. 2010. *Skills for sustainable growth*. https://www.gov.uk/government/publications/skills-for-sustainable-growth-strategy-document.

Department for Education. 2020. *FE Choices learner satisfaction survey guidance*. Department for Education. https://explore-education-statistics. service.gov.uk/find-statistics/further-education-and-skills/2020-21. Accessed 19 May 2022.

Department for Education and Skills. 2002. *14-19 extending opportunities, raising standards.* https://dera.ioe.ac.uk/4502/7/14-19-extending-opportunities-raising-standards_Redacted.pdf.

————. 2003a. *The future of higher education. Fifth report of session 2002–03.* https://publications.parliament.uk/pa/cm200203/cmselect/cmeduski/425/425.pdf.

————. 2003b. *Widening participation in higher education.* http://www.educationengland.org.uk/documents/pdfs/2003-widening-participation-he.pdf.

————. 2003c. *21st century skills: Realising our potential.* https://www.gov.uk/government/publications/21st-century-skills-realising-our-potential-individuals-employers-nation.

Doughty, R. 2015. *70 years of change and challenge in FE colleges - 1945–1992.* Association of Colleges (11 September). https://www.aocjobs.com/blog/76-years-of-change-and-challenge-in-fe-colleges-1945-2021.

Exley, S. 2020. Blame or betterment?: Regulation and intervention in further education. Further Education Trust for Leadership.

Gillard, D. 2018. *Education in England: A History.* http://www.educationengland.org.uk/history/chapter17.html.

Goldstone, R. 2019. *The origins of further education in England and Wales.* London: BERA.

Green, A. 1995. Technical education and state formation in nineteenth-century England and France. *History of Education* 24 (2): 123–139.

Haasler, M.S.R. 2020. The German system of vocational education and training: Challenges of gender, academisation and the integration of low-achieving youth. *Transfer* 26 (1): 57–71.

Heyward, G. 2019. *Schools lead the way but the system must change: Rethinking career and technical education.* Seattle: The Centre on Reinventing Public Education.

Higher Education Statistics Agency. 2018. *Higher education student statistics: Alternative providers, 2016/17 – Summary*. HESA. https://www. hesa.ac.uk/news/16-01-2020/sb255-higher-education-student-statistics. Accessed 19 May 2022.

Jephcote, M. 1996. Principals' responses to incorporation: A window on their culture. *Journal of Further and Higher Education* 20 (2): 33−48.

Kratz, A. 1990. *A comparison of the vocational training system of Britain and West Germany as experienced by minimum-age school leavers*. Birmingham: Aston University.

Kreisman, D., and K. Stange. 2019. Depth over breadth. *Education Next* 19 (4): 1−3.

Lingfield. R. 2012. *Professionalism in Further Education Final Report of the Independent Review Panel*. Department for Education. https://www.gov. uk/government/publications/professionalism-in-further-education-final-report-of-the-independent-review-panel.

McTavish, D. 2003. Aspects of public sector management. A case study of further education, ten years from the passage of the further and higher education act. *Educational Management and Administration* 31 (2): 175−187.

Mirza-Davies, J. 2015. *A short history of apprenticeships in England: From medieval craft guilds to the twenty-first century*. House of Commons Library.

Roberts, A. 2010. *The incredible human journey*. London: AandC Black.

Simmons, R. 2008. Golden years? Further education colleges under local authority control. *Journal of Further and Higher Education*. 32 (4): 359−371.

Smithers, A., and P. Robinson. 1993. *Centre for Education and Employment Research*. Project Report, June 2004 Exley in 'Caliban's Dance' Ed Orr, et al, 2020. Trentham Books. http://www.educationengland.org.uk/

documents/pdfs/2004-tomlinson-report.pdf. Accessed May 2022.

St. Espirit, M. 2019. *The stigma of choosing trade school over College.* The Atlantic.

The Edge Foundation. 2018. *Debating the first principles of English vocational education.* Edge Foundation.

Tomlinson, Mike. 2004. *14—19 curriculum and qualifications reform: Final report of the Working Group on 14—19 Reform.* http://www.educationengland. org.uk/documents/pdfs/2004-tomlinson-report.pdf. Accessed 19 May 2022.

UK Commission for Employability and Skills. 2010. *Annual Report.* https:// www.gov.uk/government/publications/uk-commission-for-employment-and-skills-annual-report-2009-to-2010.

Vlasova, H. 2020. *Community college statistics - 2020 (by the Facts & Figures).* Admissionly.

Waitt, I. 1980. *College administration.* London: The National Association of Teachers in Further and Higher Education.

第三章　政策的谜题

引言

在教育及职业技能领域的不断发展中，管理层坚持的价值观有时会与过往政府对教育影响及价值的衡量方式产生冲突。该领域长期面临一个难以解决的困境：其角色未得到明确定义，资金投入和资助方式也未有明确规定。第二章对此进行了详尽阐述。无论是从技术理性的角度，还是更具形成性的教育方法，都无法满足学生的求学期望，支撑他们的自我发展、再培训或开发新的就业方式。因此，当前的挑战在于如何诠释标准，以及如何塑造超越现有视角的教育愿景。此外，困难在一定程度上还在于，尽管多伊尔和哈里斯（Doyle and Harris 1986）、奥尔（Orr 2017）和皮特里（Petrie 2020）等学者的研究详细阐述了该领域所承受的压力，但他们并未提出广泛的系统性应对策略，以改善现有政策范式或可能的未来政策范式带来的影响。文献确立的方向是准确的，但其影响力仍有待观察，并需同行评议、部长法令或其他途径予以严肃对待。该领域的研究通常由行业外部的人士承担，而非内部人员。然而，近年来，研究已转入部分行业从业者手中，以期更好地推进实践。例如，格雷格森等人（Gregson et al. 2020）展示了教育与培训基金会（ETF）对如何制定和理解标准所做出的研究。研究需要与历任政府的背景相结合，而这些政府在督导和评估继续教育时，未能充分考虑其运作环境。实际上，正如基普（Keep 2018，43）所指出的那样："继续教育的问责模式不仅不健全，而且日益不充分。"继续教育的评估在本质上存在缺陷：

> 考试标准的含义及其衡量方式往往不容置疑……然而，实则不然，全球各地采用的考试标准存在较大差异。（Opposs and Baird 2020，2）

随评估流程而来的是标准（详见第二章），相关报告为督导制度提供了所需的相关信息。

教育机构、体系和过程的理论路径

在第二章论述的基础上，我们提出了关于继续教育的督导策略。然而，本章后续内容对这一策略提出了异议。正如亚里士多德在早期著作中致力于探讨事物"本质"的定义一样，第二章主要内容探索了继续教育的"本质"，以及其难以界定的程度。这种困境在一定程度上源于财务的诸多不确定性，我们认为，这是在教育评估和改进过程中采取技术理性导致的后果。财务上的不确定性使得该领域在满足不同群体需求的过程中摇摆不定。此外，继续教育和技能行业需与众多政府部门打交道，因此必须迅速反应并做出改变，以适应政府政策和部长们不时出现的相互矛盾的举措及要求。

然而，如菲尔丁等人（Fielding et al. 2005）以及众多学者所强调的，要在教育系统中实现深远且实质性的变革，必然需要耗费较长时间。这与技术理性的世界观形成了鲜明的对比。后者认为，只要高层管理者为底层工作人员指明方向，变革便会随之而来，迅速实现。实际上，在继续教育领域，很多时候人们误解了领导行为的本质，且未充分重视管理者与他人的互动。此外，后续政府将出台的一系列教育政策可能会迅速动摇先前教学机构的基础。

过去十年里，各届英国政府均强调，致力于打造一个高质量、备受尊敬的高等教育体系，涵盖职业与学术两大领域；作为一个国家，我们需要秉持一个可行的愿景以共同努力。然而在诸多优先事项中，寻求平衡的管理者往往陷入困境，因为他们缺少一贯的政策指导。此外，在集中控制的管理模式下，高层领导很难培养出熟练的管理者。而从我们的经验来看，教师需要遵循民主原则做出明智决策，并具备明确的目标意识。

　　未经民主程序制定的政策以及技术理性对继续教育领域所产生的影响历时已久。杜威（Dewey 1916）曾明确指出，教育的目标是助力个人与群体实现"富有成就的生活"。然而，在教育评估与优化过程中，技术理性观念并不总是与这一目标相契合。继续教育、学院高等教育和高等教育等领域时常采纳一些"时髦新词"，用以概括该行业的特质。诸多知名报告与研究文献中出现的词句，声称能为"课程规划"提供决策依据，并主张特定举措有助于提升"学生就业能力"及"扩大教育参与率"。在 7 篇相关论文（截至 2020 年）中，超过 50% 都出现了这些表述。许多机构为这些做法赋予了五花八门的解释，我们承认其实施难度大、理解复杂，而且在不同背景下实际含义各有差异，然而还是难以知晓这些做法能带来什么。以伦敦市中心与林肯郡农村地区为例，"就业能力"一词在两地所体现的内涵显然无法相提并论，然而在多种情境下，为不同地区学生设定的技术等级（T level）的广泛目标却是一致的。

　　在 2010 年出版的《测量时代的良好教育》一书中，比耶斯塔（Biesta）指出，过去 20 年间，对教育测量方式的执迷不断加深。他强调，这种关注并非仅限于英国。比耶斯塔（Biesta 2010，11）质疑："我们究竟是在测评我们真正重视的内容，还是在煞有介事地评价那些本来就容易测算的东西？"他得出的结论是，我们过分关注易于测量的方面，导致测量标准成为价值判断的依据。在此基础上，他认为相关语言表述的重要性日益凸显。教育测量标准通常以"有效性"为例，而"有效性"本身具有工具价值。然而，这种评估过程的结果是否合适，则是另一个值得探讨的问题。比耶斯塔（Biesta 2010）主张，我们应确立"终极"价值观（促使人们协作、关爱、尊重民主过程的价值观），而非"工具性"价值观（如损人利己的价值观），因此，寻求"有效"的教育实践是远远不够的。

邓恩（Dunne 2005）也提出了类似的观点：教育立法往往缺乏以实现终极价值为目标的理念。他强调，坚守这些价值观将使领导力的其他要素，如"战略规划"，产生深远的影响力。邓恩认为，教育实践在本质上是道德高尚、遵循伦理和尊重民主的活动，要求教育从业者具备坚实的理论基础，进而做出明智的判断。然而，他也指出，立法和技术理性视角将阻碍这些理念的实施。

例如，邓恩讨论了在爱尔兰共和国发布的关于"实现更广泛的社会和经济组合"的教育绿皮书（Dunne 2005，145）。他强调的方法，以及爱尔兰政府所采取的策略，反映了英国高等教育的定位方式；高等教育的完全市场化表明，提出助学贷款的想法只能意味着预估助学贷款未来会产生的经济回报。如邓恩（Dunne 2005，67）所言："我们对教育的理解和实践必须保持现实态度，将其置于更广泛的、当下的社会和经济变革背景中加以考虑。如果学生想在教育领域取得成功、得到满意结果、提升自我、造福社会，教育需要知道对他们提出何种要求。"

菲尔丁（Fielding 2005）强调，用何种语言阐述教育政策及其努力目标至关重要，因为它决定了我们如何识别和区分教育变革的程度、要达到的效果；更重要的是，沿用相同的语言表达方式就意味着，在"社会公正"和"更美好的社会"理念框架下，权力和管控在接力中持续发挥作用。菲尔丁质疑当前评估英国教育"影响力"的方法，并提醒人们关注：这些方法的更深层次的本体论和认识论根源可追溯至 17 世纪和 18 世纪的机械论世界观。菲尔丁（Fielding，同上书）还揭示了教育改革的技术理性方法如何联合"愚昧无知"且"虚张声势"的语言形式——追求"绩效"的语言——通过"成效"和"成果"这些概念逐渐渗透至英国教育政策话语之中。

比耶斯塔和伯布勒斯（Biesta and Burbules 2003；Biesta 2007）介绍了杜威如何思考知识和（基于经验的）现实的不同方式，这种方式与技术理性世界观截然不同。比耶斯塔和伯布勒斯（Biesta and Burbules 2003）

生动地描述了杜威实用主义哲学，解释了杜威在著作中提供的教育研究的方式。这种方式不仅以人为本，而且设法避免了实证主义、后实证主义和后现代主义的两极分化陷阱。新冠疫情期间的科学发现已经证明，捍卫这一重要领域的职责落在一部分人肩上，因此，要在新冠疫情之后重新构思高等教育，就需要找到新的解决之道。高等教育已经证实，通过协同合作，我们能够应对社会的关键需求（如研发疫苗或设计新型呼吸机），找到更高效、更优质的解决方案。这种新型模式将更具务实性、民主性，并注重协作精神，发挥行业核心竞争力；同时还要清醒地认识到，某些情况下，市场的导向不是最优方案。

新路径下管理能力和领导能力的形成

我们已经看到，在教育领域，技术理性方法大行其道，给实现教育管理层的内在价值带来了一定挑战。麦克劳克林（McLaughlin）（Commission on Adult Vocational Teaching and Learning 2013）提出，提到教育问题，各种概念似乎都趋于"价值中立"。温奇（Winch）认为，在继续教育中，理念形成过程势必艰巨且深刻，此过程或许尚未被充分理解。那么，教育理念是如何形成的？温奇提出，从最初认为学习者为核心，到逐渐认识情况的复杂性，教育观念正在发生变化。长期以来，继续教育的主流话语是"以学习者为中心"或"学生优先"［与米利班德（Miliband）的"个性化学习"相呼应］，但如今正发生变化，转而阐述继续教育的价值观、目的、部门及体制方法。怀特（White 2010）对教育理念的描述是：对概念进行详细分解，并在与其他事物关联的背景中分享这些概念。这种思考方式不仅关注坚定目标的意义，还关注其正当性与真实性。怀特（White 1982）曾表示，他担忧教育理念沦为仅仅区分观点之用。他擘画了他所理解的教育目标。随着这种思辨性方法的出现，或许我们能找到应对技术理性问题的更民主的解决之道。

技术理性的世界观相信高效的领导能力源于卓越的指挥与控制。过去的教育评估、改进以及领导方法均基于技术理性世界观，强调自上而下的高度控制。然而，除此之外，我们尚有其他选择。科菲尔德（Coffield 2014）提倡积极探索如何培育"有力的、崇尚民主的从业者"。在《超越攫取型教育》（*Beyond Bulimic Education*，2014）一书中，科菲尔德针对继续教育领域的领导权力行使问题，提出了六种应对策略。他敦促教育领导层鼓励教师，要帮助他们累积可靠的、不断更新的学科知识，引领学习者实现理想成果，并提供反馈，以促进学习者成长。科菲尔德进一步强调，若将此六种应对策略付诸实践，不仅能引领学习者达成理想目标、提供反馈、取得进步，同时还能兼顾学习过程中的情感需求，并为学习者提供令人信服的依据，证明他们在导师指导下确实受益良多。科菲尔德（Coffield 2014）主张，教育工作不应再局限于改进教学、学习和评估等方面，而是亟待展开一场关于权力行使方式的辩论。

权力实质上是一种关系模式，科菲尔德专门提出，教育评估和教育领导的技术理性路径为何是一个线性的且自上而下的过程。萨克斯（Sachs）主张，教师的服务角色应扩展到服务学校生活、学校体系以及学校之外的其他学生。尽管这些观点在单独考虑时或在理论层面上都具有合理性，但在实践继续教育的过程中，实施起来却颇具挑战。这或许是由于政府政策、督导制度（以及对这些理论的解释）对不同个体意义不同，也或许是由于在推进这些活动的过程中，职业关系及人际关系会发生变化。

森尼特（Sennett 2012）认为，能力与职位之间存在反比关系。在某些情况下，为了维护自身地位，或在特定外部政策和督导制度约束下，组织内的个体可能丧失质疑他人观念和寻求突破的能力。科菲尔德（Coffield 2014）提出，存在两种并行的领导模式：职业模式，即教工、教师和管理人员期望被视为同一职业的成员；以及管理模式，高级管理团队负责提出主张，工会负责维护成员利益。然而，科菲尔德的观点尚存争议。他认为，要让信任模式发挥作用，管理过程必须是双向的，即管理人员与教师协同合作。

森尼特（Sennett 2012）指出，尽管社区建设相对容易，实现合作却充满挑战，因为"达成合作必然要求与观念不同者共事"。他认同马尔科姆·格拉德韦尔（Malcom Gladwell）的看法：熟练掌握某项技能需超过一万个小时，实现合作也需要时间。鉴于我们中的大多数人并无充足时间进行磨合，森尼特建议寻求一条"捷径"，让领导者在此过程中发挥关键的催化作用。然而，科菲尔德认为，正是这些捷径阻碍了人们去挑战技术理性。

高等教育领导力基金会［现为"推进高等教育"机构（Advance HE）的一个分支］在研究高等教育领导力的优势与隐患时，提到了"学校和学院"。他们指出，如果众人视角不一，必然难以明确组织的首要目标，难以衡量各种目标的相对重要性，确立成就的评价标准，难以准确地将成功归因于领导力，而不是不同程度地归因于其他因素（Lumby 2012，9）。他们的结论是，人们认识到"领导者的效率因人而异，也就是说，在某些领域，或者在任期的不同阶段，他们可能胜过其他人"（Lumby 2012，13）。人们普遍认为，成功取决于挑战的规模和战胜挑战的程度。因此，领导力基金会对有效领导者的描述便是：实现超越预期的成就。

确实，领导能力的重要性已经是老生常谈了（Lumby and Foskett 2005）。人们都认为，这是因为优秀的领导能力是实现高质量教学、学习、研究等目标最直接的途径。然而，许多文献表明，领导力的内涵"远比想象的细致复杂"。盖弗（Guiver）告诉我们，"删繁就简"其实最不容易。除非历经内心的挣扎，否则难以对事物有直接且深入的理解，难以看清前行的方向。首先，人们必须认识自己。为此需要深入剖析自己，全面了解问题的本质，并反思这些因素如何相互作用，导致特定的行为。然后，需要从这些行为中理解自己，理解行为如何推动目标的实现。科里（Corrie）曾设计过一个简单的游戏，我们可以借此为例思考领导力的本质：首先，在五张纸上分别写下我们最看重的五种非物质的东西；然后，反思过去 24 小时内，我们为实现这些价值采取过哪些行动；接下来，游戏者需要判断，在这五个价值中，哪一个相对不重要，将其删除。如此循环，直至留下认为最有价值的一项。我与 400 多人共同参与过这个游戏，80% 的参与者对最高价值的选择是"家庭"。

　　由此，我们开始探讨在技术理性方法背景下进行继续教育时，领导力、人际关系及幸福感的作用。领导者自己和整个行业所秉持的价值观如何发挥作用？通读伦理学家的著作，我们找到了古希腊时期关于决策和工作方式最早的说法。美德伦理的关注点并非"何为正确之事"，而是"何为最佳生活方式"。这种观念被古希腊人称为"eudaimonia"，即"美好的人类生活"，可译为"幸福"。要实现这一目标，人们要弄明白所处环境的成因。亚里士多德认为，实践理性将引导人们寻找"最终目的"，这一概念纯粹是"为目的而目的"，并无其他考虑。然而，他承认世事多变，外部挑战重重，因此最初认定的"最终目的"未必就能持久不变。

　　教育的"最终目的"是不是"尽善尽美"，教育界就此存在争议。这一概念本身是合理的，虽然缺乏详细的分析论证。多个"最终目的"可能相互冲突，无法通过实践理性来解决。此外，教育政策和检查督导是否允许存在单一的"最终目的"，或不可避免地导致多个"最终目的"，亦无共识。美德伦理的核心则在于"优秀品格、公正、勇气和自制力"，重点关注这些概念如何促使人们过上"美好的生活"。

　　我们值得花时间深入探讨高等教育机构领导者如何将这些价值观付诸实践，并引导他人效仿。格罗施（Grosch 2000）认为，只有联系美德去看待"正确的行为"，才能得到全面的理解。然而，齐尔等人（Zyl et al.）对如何准确定义美德提出了争议。施米茨（Schmidtz）曾表示（引自 Dunne 2005，17）："美德伦理告诉我们，具备德行是人生应有之义。一个勇敢、谦虚、诚实、公正和勤奋的人会以实际行动展示其美德。"（Dunne 2005，11）因此，比耶斯塔、邓恩、赖尔（Ryle）和科菲尔德等人倡导的可能是有德行的、真诚为周围之人谋利益的领导。或许他们的意思是，管理者首先应为其他人获得幸福而奋斗，之后再追求令人瞩目的资格成就率（Qualification Achievement Rate）报告。

教学领导

> 促成教育进步，全靠一件事触发另一件事的连锁反应，或者只用一年或整整七年时间采用各式新研究或教学方式，却又突如其来地转向某种全新的教育理念——类似这样的教育趋势，如果教师们能充分依靠自己的独立智慧，就不会出现。（Dewey 1904，16）

可以说，杜威于 1904 年提出的观点在现今仍具有现实意义。教育改革的每一次推进都伴随着诸多全新的挑战。举例来说，英格兰继续教育学院在 2017—2021 年期间要应对一系列政策调整，如学生事务办公室的设立、高等教育监管制度的变革以及教英国教育标准局督导框架的实施。教育标准局（Ofsted 2021）采取了底线质量标准的策略（即为评估和资助教育机构所采用的绩效衡量方法，以确定成果不低于设定阈值），并实施技术教育改革等措施。在此背景下，整个行业的领导者面临的挑战是，如何发挥自身机构的力量应对各项变革。

若能够实现，这一成就是难能可贵的。领导者需不断调整课程设置，重新规划教学实践，以适应政治与政策指令的变化，如"工业战略"、英国脱欧以及技术教育政策等（仅列举部分），与此同时还要秉持一贯的教育价值观，保持高质量的教育水平。芝加哥的杜威实验学校（1896—1904）着手实验了各种情境，让教育者通过共同努力解决教育问题，提升学习者的教育体验，目的在于改善学习者的生活体验并增加他们的发展机会。杜威曾对教育者提出警告："由于教育主管部门推行的各种测试、不断下达的武断命令和过于细致明确的教学大纲，教师已沦为活的留声机。"

在英格兰的继续教育、成人教育和职业教育（FAVE）体系中，继续教育扮演着举足轻重的角色。近年来，为确保质量，该体系实施了一系列举措，包括增设负责质量监督的机构。然而，这些教育机构被审计部门环伺，教师和教育领导者的行为接受高风险的标准化考试评估〔如普通中等教育证书（GCSE）、高级水平普通教育证书（A level）以及全面纳入排名的职业资格考试]，如若失败，代价高昂。如菲尔丁等人引用坎宁安（Cunningham）的话说，这种做法的后果是"教师专业水平的下滑"。阿瑟斯顿（Atherston 2017，65）提出，在国际学生评估项目（PISA）等国际教育成就测量中，中国的表现令西方瞩目，但他质疑西方是否能借鉴中国经验。他并非首次提出此观点的人。

上述著作和其他一些著作详细阐述了这些做法会对教师和教育领导者的关系产生的负面影响。然而，政客们非常清楚，学校在排行榜上名列前茅，对于寻求连任所需的民意调查数据非常有利（Biesta 2010，15）。大量指导文件宣扬成绩榜单和其他教育质量测量手段的好处，而同时却允许不合格的人在主流教育中任教；口口声声说要减少官僚主义，结果却增加了工作量。本章认为，目前的教育改进和评价方式不仅暴露了进一步使教学非专业化的企图，还破坏了决策的民主性。《技术教育和继续教育法》等立法正在改变继续教育行业管理的性质，使其远离包容和民主的风气，日趋近乎命令和控制。深受其害的是整个领域里原本务实、民主的从业者。

当前状况

在过去，英国终身教育、职业教育和继续教育行业吸引的是在其职业领域兼备技能经验与合作精神的人才，他们或是将合作伙伴引入自己的职业生涯，或是逐渐成为引领行业团队的关键人物。然而，上述政策变动导致继续教育部门领导和管理方式发生了转变。森尼特（Sennett 2003，17）曾引用奥登（Auden）的诗歌《第六时辰》（"Sext"），生动描绘了一个职业的发展多么离不开熟练技艺：

> 想知道一个人的职业，
> 就注视他的眼睛，
> 观察他的动作。

厨师调配料汁，

职员递交提单，

外科医生手起刀落。

不同的专业，

同样的专注，

同样的忘我。

　　本书的作者在继续教育领域多年担任领导职务并从事研究，见过许多聪明能干的教育者因为未能把握教育技巧和实践的真谛，无法成为一名出色的教育领导者。原因正是上述各项法规、流行观念和做法对他们的冲击。另外，关于领导力提升、侧重于熟练掌握教育领导技巧和做法的培训项目至今仍相对较少，森尼特（Sennett 2003）指出，"熟练掌握"一词意味着付诸实践的能力。因此，我们需要探讨的是，哪些制度性因素阻碍了教育领导者施展他们已经熟练掌握的技能。

　　综上所述，我们需深入分析这些问题对教育教学和学习的深远影响，并探讨继续教育行业的管理者如何引导其下属接受并践行这些新的教学方法。若将继续教育与专科教育视为提升"职业"胜任力的关键要素，那么，该行业所需的领导力应聚焦于教学本身。回溯至 2013 年，157 学院集团（现已更名为 2022 协作集团）发布了一篇关于教学领导力的论文，由贝尔·卢卡斯（Bill Lucas）和盖伊·克莱克斯顿（Guy Claxton）执笔，题为《深入思考》（"Think Piece"）。该论文引用了成人职业教育与学习委员会（Commission on Adult Vocational Teaching and Learning）的研究成果，首次全面解析了"职业教育学"的核心理念。论文明确指出，教学领导力的核心构成包括：构建有利于"卓越"学习的环境；深入理解并关注职业教学的原理、技术和艺术；塑造教师、员工与领导共同学习、共同成长的氛围；以及为实现学习效果的提升而勇于进行必要的变革。此外，作者还提出了构建职业教学法的七个关键步骤，这些步骤不仅适用于职业教育与培训（Vocational Education and Training，VET），同样适用于学院高等教育（CHE）或本科高等教育（HE）。

第一，全体成员须就目标达成一致；第二，须明确教育目标所期望的成果；第三，谨慎反思学科本质，以便学习者适应特定的职业角色；第四，探索一系列职业学习方法；第五，了解学习者及其知识需求；第六，对职业环境进行现实考量；第七，考虑职业学习的维度。卢卡斯等人（Lucas et al. 2013，9）提出了一个三角模型，描述了特定职业教学的标志性教学法，与比耶斯塔的"教育领域"观点有相似之处。职业学习的维度包含诸多因素，如学习态度和教师与学习者之间的亲近程度。这些因素有助于评估学习者在学习过程中的投入程度。尽管职业教学法概念的提出对职业教育与培训具有积极作用，但这些步骤尚未充分涵盖学院高等教育的完整范围，例如学术成就概念，以及博耶（Boyer 1990）提出的"四种行为领域"等概念。

新自由主义仍然无处不在

弗里登（Freedon）认为，"对自由主义最大的扭曲在于提出了新自由主义这一概念"。他强调，"新自由主义者倾向于将世界视作一个庞大的、可能不受阻碍的全球市场"，其主旨是以商品交换追求利润。马金森（Marginson 2017，12）将教育视为自我塑造的一部分内容。他对国际教育进行了比较，认为正如赵和比耶斯塔（Zhao and Biesta 2011，3）所论述的，这种自我塑造是儒家"修身"理念的体现，通常是东方文化教育者的努力目标；而在西方，新自由主义方法已在教育领域占据主导地位，改变了教育重心的取向，并可能塑造教育环境，导致教育理论家和立法者之间的观点截然相反。这引发了关于西方教育中"价值"定位的思考。依照传统，评价方式以考试为主，技术等级（T level）考试和商业与技术教育委员会（BETC）考试的地位日益提升，考试被奉为圭臬。然而，这种方法和新自由主义政策实施以来的成效如何，值得深入探讨。

新冠疫情以来：立法角度的个案研究

自 2020 年初暴发以来，新冠疫情给全球带来了显著的影响，不仅改变了继续教育的运营模式、领导者的管理策略，也影响了对行业未来发展的期待。我们不得不调整常规工作方式以应对这场危机。本书的三位作者均是在继续教育和高等教育领域研究深耕多年的专家，在后义务教育领域积累了大量工作经验。我们注意到了关于学院高等教育（CHE）遭受疫情冲击的一系列报道。这些冲击可以追溯到 2017 年的《高等教育与研究法》（Higher Education Research Act，HERA），该法案意将竞争和技术理性方法引入高等教育领域（从这个角度来看，正如本章前文所述，可以给这部法案定性为新自由主义政策），然而研究显示，在面对新冠疫情这样的全球性流行疾病时，新自由主义可能并不能提供最优的选择。

《高等教育与研究法》为各类教育机构进入高等教育市场创造了条件。我们的研究视角主要是规模较小的高等教育机构中的教学、学习和工作经验，而非多年以来备受关注、密集研究的高等教育（HE）环境视角。在评估高等教育领域时，菲利普·奥加尔探讨了如何解决大学与继续教育之间存在的不平等问题。有意思的是，这项评估在特蕾莎·梅担任首相期间，在一所继续教育学院得以启动；然而，政府因新冠疫情而推迟回应，导致奥加尔曾经强调的不平等仍在延续。

在最近一期的每周高等教育主题播客节目中，专家团队深入剖析了新冠危机带来的诸多问题，例如学生人数可能锐减（以英国大学联盟在 2020 年 5 月的调查数据为例，若疫情环境下仍可以保持必要的"正常人际互动"，仅有约 86% 的国内学生表达了读大学的意愿，而高收费国际学生的入学意愿可能锐减 86%）。随之而来的学费收入大幅度减少可能迫使部分建校多年的高等教育机构面临破产的风险，而目前的《高等教育与研究法》尚无法缓解。同时，关于是否应设置学生人数上限，以及是否对陷入困境的教学机构提供资助，各方争论不断。

该播客的评论员认为，这些解决方案有两个问题：一是假设了一个核心前提，即教育机构的运营状态可以正常维持；二是并未真正关注合作模式的改变。当前及未来的任何法律变更都会对学院高等教育产生重要的影响，进而改变职业教育学院在高等教育领域中未来角色的性质。事实上，为了应对当前的挑战，英国高等教育监管机构学生事务办公室（OfS）已经发布了一份咨询文件，探讨了危机管理及提高高等教育部门财务弹性方面的额外条件规定。

与上述技术理性方法相比，斯科特（Scott）等人提出的方法显示出截然不同的思路，即通过表格、对照表和定量评估等方式来规范教育机构的行为并评估其质量。从上述的播客节目及其他针对特定部门的研究中，我们可以清晰地看到，教育机构、学生群体和公众之间的工作模式已发生了实质性的转变，各方都在积极寻求协作，以适应当前的环境挑战。社会各行各业都明显呈现出新冠疫情对工作模式带来的影响。此外，人人都清楚，整个社会在面临病毒威胁时，需要在政治意义上做出重要的选择，例如，在民众债务增加、充满工作压力以及痛失亲人等多重困境下，政府如何确保每个人都能维持有尊严的生活水平，政府的努力能做到什么程度，同时，政府也需要考虑保持社交距离的措施——至少在短时间内——在哪些地方需要维持，人们应该采取何种工作方式。此外，还要重新考虑教育领域中的新自由主义方式是否还要保持无处不在的地位。2021 年发布的一份备受关注的继续教育白皮书，可能会作为《奥加尔审查报告》的补充，为政策制定提供重要参考。

继续教育学院应如何长期为社会最弱势群体提供服务，以保证劳动力获取技能进而推动当地经济繁荣？怎样考虑社会流动问题？学习者掌握更高级别技能对社会流动有何潜在影响？继续教育领域如何以务实、民主的方式向高等教育其他部门学习？各部门间应该如何有效合作以实现这些构想？白皮书对以上这些问题进行了探索。这些观点可能发端于英国教育部在 2015—2018 年间一直关注的教育理念。

对社会流动有何影响？

第二章呈现了继续教育与常规大学之间的差异，并详细说明了为何要在继续教育学院设立更高层次技能目标的原因。同时，如奥加尔（Augar 2019）所强调的，继续教育学院能做到在低拨款率下实现此目标。

尽管有人指出，教育对社会并非总能产生充分的回馈（Bernstein 1971 a，b），但教师等群体依然致力于为学生创造机会，以实现现代社会普遍接受的凭实力争取机会、以学习改变阶层的理念。然而，我们不可忽视教育为实现这些目标所面临的重重挑战。

经国际对比，经济合作与发展组织报告（OECD 2013）显示，富裕国家的医疗健康、社会和教育等问题均与不平等的社会地位密切相关。国际组织定期收集各国社会关系、预期寿命、心理健康、肥胖及学习成绩等数据，以衡量社会成员之间的相对地位。在英国，自 20 世纪 80 年代以来，不平等现象加剧。近年来，最富裕人群的收入增长持续大幅度超过低收入工人的收入增长（Sibieta 2011）。为分析英国日益加剧的贫富两极化，经济学家们围绕工作机会的变化、高级技术与教育的回报、区域差异和人口模式等因素进行了许多辩论，政府在税收和福利等方面出台的经济政策所产生的直接成效有可能在一定程度上抵消这些结构性因素，但在近些年里，英国代际社会流动程度相对较低（Bynner and Parsons 2006）。换言之，父母的社会环境将在孩子身上重现。

长期追踪研究发现，儿童成年后的社会流动趋于停滞，其社会地位与父母的社会地位和收入水平具有显著关联（Bynner and Parsons 2006）。布迪厄（Bourdieu 1977）指出，人的整体社会地位在很大程度上取决于经济、社会和文化三种资本，而这些资本会产生代际传承。经济资本决定个体获取物质财富的方式；社会资本主要体现在家庭、社区或更广泛社会交往中的人际关系，从而获得交往、人脉和支持；文化资本则是指在特定社会背景下，个体为实现行动所需具备的理解力、知识和能力。在儿童成长过程中，差异化因素已悄然植入。雷伊（Reay 2000）解释了母亲在不同情境下如何运用情绪资本抚养孩子，并指出，随着时间推移，代际积累不断加剧。

阿瑟斯顿（Atherston 2017）和鲍德温等人（Baldwin et al. 2019）对社会流动能力测量手段在继续教育行业中的潜在不利影响进行了详尽的剖析。他们并未全盘否定社会流动的概念，而是针对 16 岁以上学习者的评估方式提出了疑问，认为这种划分过于狭隘。社会流动委员会（Social Mobility Commission）近期确定了四个关键措施，再次强调了 3 级资格（Level 3）学生考试成绩的重要性，使资助条件和其他政策顺理成章地获得了一席之地，同时对什么是"择优录取"的大学给出了狭义的解释。这些措施致使绩效评估带给人们更多的压力和挑战，导致高等教育机构与继续教育机构之间的协作越发困难。

在针对 18 岁及以上年龄群体的教育机构中，继续教育学院往往被无视（Institute of Education 2017；Hill 2015；Callender 2017；Davy 2016）。然而，基于教育与培训基金会最近的一份报告数据，马丁（Martin 2017）指出，继续教育学院在协助大量学习者实现高等教育目标的过程中，起到了不可或缺的重要作用。

另外我们发现，进入职业院校接受高等教育的学生中，有很大一部分来自传统上相对弱势的家庭。根据学习与技能提升服务机构（Learning and Skills Improvement Service）的一项研究（Widdowson and King 2013，6），在继续教育学院修读高等教育课程的学生，相较于传统高等教育机构中的学生，更可能年龄偏大，选择非全日制学习方式，且多来自高等教育普及率较低的地区。吉希瓦和皮特里（Gicheva and Petrie）于 2018 年的研究也表明，父母从事普通工作或体力工作的学生，在进入高等教育课程之前至少完成一门职业课程的概率，是那些父母从事高级管理岗位或专业岗位的学生的两倍。同样，科伯恩（Cockburn）在 2006 年的研究中指出，寻求高等教育的职业教育学习者通常具有以下特征：多为本地居民，与父母同住，没有改变生活方式的计划，选择修读职业课程而非学术课程，注重职业发展，并对个人财务问题较为敏感。高等教育政策研究院（Higher Education Policy Institute，HEPI）将其称为"通勤学生"。要实现继续教育学院在社会流动方面的潜力，领导层的引导和推动至关重要。

从本体论的角度审视，现实并非完全独立于主观意志之外，其真实状态亦非独一无二。我们必须认识到，每个个体内心构建的现实图景都存在差异（Coe et al. 2017, 16）。尽管如此，身为高等教育管理者，我们看到，为塑造合理教育行为以期实现优质教育目标而设置的法令中，潜在的问题也许不可胜数。

根据先前研究的结果，英国《高等教育与研究法》（HERA）明确规定了学生事务办公室（OfS）的职责之一是，通过综合性大学和继续教育机构，积极促进弱势群体学生接受高等教育，并助力他们取得卓越的学习成果，进而推动社会阶层的流动性。若高等教育机构计划将每年的学费标准提升至 6250 英镑以上，则需向学生事务办公室提交详尽的招生与扩大教育参与率计划（Access and Participation Plan），明确阐述如何利用这些额外的收入，确保其在招生和教育方面的广泛应用：

- 增加弱势群体学生的数量。
- 为弱势群体学生提供帮助，保证他们不会辍学。
- 保证弱势群体学生成绩良好。
- 保证弱势群体学生毕业后获得良好的工作。

这些计划原先采取年度提交的形式，后转变为五年期计划。学生事务办公室为学校提供了一个建议使用的模板（OfS 2019），各相关院校需按照此模板提交。同时，学生事务办公室还提供了数据支持，包括图表对照，以便各院校之间的数据差异能够清晰可见。该模板及相关图表指导明确规定了计划应采用的格式和内容。其中，指导意见长达 54 页，而"关于招生与扩大教育参与率的建议"部分则占据了 52 页。根据指导意见（OfS 2019），计划开头应评估教学机构对弱势群体学生终身发展的作用，涵盖他们的入学、成功及未来成长等方面。这些学生包括：

- 来自高等教育参与率较低地区或低收入家庭的学生。
- 来自黑人、亚裔或其他少数族裔背景的学生。

- 大龄学生。

- 残障学生。

- 离开父母、无人照料的学生。

经过深入分析，教育机构应详细阐述其设定的战略方向、目标及预期成果，并明确这些方向、目标及成果的落实与形成过程。同时，为实现这些目标，教育机构需详细规划并投入资金，以缩小当前行业现状与自身水平之间的差距。对于超出基础学费的部分，教育机构需根据实际情况，合理决定投入上述工作的资金比例，并制订未来五年的超额资金投入计划。然而，若该计划未获得学生事务办公室的认可，则该教育机构在下一年度将不得收取超额学费。当前，大多数综合性大学对本科生的学费标准定为 9250 英镑，这意味着从每名学生那里超收的学费为 3000 英镑。

英国制订计划以提升高等教育入学率及教育参与率的行动始于 2019 年。在此之前，英国的高等教育机构需要按照公平招生办公室（Office for Fair Access）的相关规定，提交招生计划。过去的这份计划不仅内容简明扼要、易于理解，而且在提升入学和扩大教育参与率方面，为各院校提供了更大的自主决策权。然而，如今新的招生程序则更加侧重于规范化和技术化，不再区分不同类型的院校（如继续教育学院或综合性大学），亦不考虑各院校的在校生规模或提供的课程类型。有关此问题的深入剖析，请参见本书第七章。

重新思考教育的价值和目的：对一系列政令的回应

关于《技能与 16 岁后教育白皮书》和委员会报告的内容，值得深入探讨的问题是：《高等教育与研究法》及其相应的社会流动策略在促进高级技能培养方面是否产生了促进效果，以及这些策略是否在继续教育学院环境中使用。杜威（Dewey 1933，26）对教育的目标是服务于经济的这一观点提出了疑问，他强调教育是一种"至高无上的艺术"，是"社会进步与改革的基础"。他主张教育即生活，因此，我们有必要对《高等教育与研究法》以及其他教育立法进行深入审视，以便构建我们理想中的国家与经济格局。

萨拉森于 1996 年指出，教育改革往往容易陷入失败的循环之中，即变革尝试越多，越可能毫无起色，甚至陷入更糟的境地。这种情境下，改革的表象可能以积极的行动呈现，让人们误认为已经实现了突破和创新。对此，教育领域的领导者确实有同感。本书提出萨拉森（Sarason 1996，8）的观点，并非传达悲观主义，而是强调在教育改革中应当警惕"避重就轻"和"对明摆着的问题熟视无睹"的风险，接着进一步提醒我们，可以找到其他方法综合考虑这些相互关系，权衡利弊。若忽视这些方法，必须承担由此产生的后果和代价。

邓恩（Dunne 2005，23）强调，采用技术理性方法进行教育评估和改进存在根本缺陷。他的意见促使人们开始关注行业内部人士从起点开始进行的实践方式。他进一步描述了这种实践的发展过程：

> 实践是一系列复杂且不断发展的活动与任务的集合。随着时间的推移，这些活动与任务相互促进，逐渐累积并发展。对于真正致力于实践的专业人士而言，实践具有强大的生命力。只有当他们坚守信念，以创新的方式对实践进行拓展与发展，才能保持其活力。这种发展可能带来耸人听闻甚至颠覆性的变革。实践的核心在于如何界定卓越，这些标准自身需要不断发展和重新定义，需要现在和未来的从业者对其做出相应改变。

来自业内和业外的研究

那么，教育领域应当如何妥善而合理地解决当前问题？在全球新冠疫情的应对过程中，一个发人深思的特征是，人们需要运用与以往不同的方式去思考并合作，共同致力于构建一个更为乐观、更有尊严的未来愿景。森尼特（Sennett 2012，65）将此现象诠释为"脆弱的平衡"。他进一步阐释道：

> 协同与竞争可以和谐共存。竞争的本质往往伴随着攻击性和愤怒，这是人性中不可避免的一部分。然而，通过一系列积极的互动方式，如试探适应、对话交流、建立联盟、参与社区活动或研讨会等，我们可以有效地平衡这种潜在的破坏性力量。因为善意也镌刻在我们人类的基因里。

首先，学生事务办公室（OfS）在相互合作和同行评议方面的表现可圈可点，值得称赞。不过某些突破性的做法也并非全新，其源头可追溯至英格兰高等教育资助委员会（HEFCE）时期。从学科层面的教学经验框架（Teaching Experience Framework）的实施来看，技术理性方法能在多大程度上改进教学质量、提升教学效果，各种观点众说纷纭。然而，在过去的两年里，英国在改进教育质量方法的测试、分析以及同行评议方面投入了充足的资金。与某些措施相比，这种衡量教育质量的方法比其他督导机制呈现出更为纵向也更为民主的特点，尽管部分高等教育机构对此持怀疑态度。

在此领域，一系列协作措施随之而来，其中尤以全国合作外展项目［National Collaborative Outreach Programme，现已更名为大学连通项目（Uni Connect），OfS 2022］及英国教育部为提升入学率和扩大高等教育参与率的努力最为显著。然而，据我们与业内同行的私下交流，教育从业者对英国学生事务办公室的策略颇有微词。在此背景下，诸如"WONKHE"等组织应运而生，质疑决策者在政策和流程的制定与实施中含糊其词的地方。

任何管理框架都应将继续教育部门从业人员放在核心位置，明确阐述部门的核心价值以及未来发展愿景，将其作为工作重点。市场话语固然应该有一定的分量，但在当前新冠疫情等突发事件面前，协作、合作、发现问题、解决问题以及批判性思维等能力的重要性更加凸显。若能切实落实这些方法，该部门或可独立构建一个强大的生态系统，在

18 岁以上学习领域实现知识、技能与行为的全面发展，进而成为推动社会和经济进步的关键力量，而非过度依赖外部援助。

改变做法

虽然菲尔丁对政策术语的评价可能是贴切的，但如果奥加尔（Augar 2019）或教育部关于 4 级（Level 4）和 5 级（Level 5）资格技术教育的建议得到实施，那么继续教育一味模仿高等教育的发展路径则会让自己处于亦步亦趋的地位。这就给我们提出了一些关键问题：《高等教育与研究法》究竟是在推动学习的进步，还是在成为学习的障碍？该法案在走向市场化的过程中，是否承认"教育即生活"的理念，正如杜威在《教育的民主》（1916）一文中所强调的那样，并允许高等教育在学校环境中帮助学生全面理解生活？传授知识技能、激发好奇心和塑造价值观的责任都是由教育工作者承担的。技术理性支配的资助和督导方式不应阻碍这些目标的实现。

新冠疫情肆虐全球，进一步凸显了全球对各类专业人才的需求，世界也意识到了这方面的需求（自 2010 年以来，虽然历届政府在某些程度上淡化了"专业人才"的重要性，但这一问题会在以后的著作中讨论）。在当前形势下，我们急需科学家、医生、护士、设计师、创意工作者、零售业人员、司机、公务员等社会各领域的专业人才，而且还不止这些人才。这些专业人员的存在不仅合情合理，而且应在民主、开放的机制中接受教育，由专业教师秉持高标准进行培养，以激发更多后来者的潜力。对于高等教育的主要提供者而言，坚持采用技术理性方法以扩大高等教育参与程度将置他们于不利之地。

因此，在发布行动号召之际，我们必须深刻反思新冠疫情所带来的沉痛教训，确保那些因疫情逝去的生命没有白白丧生。我们应积极支持教育、专业人才以及社会各界的声音，主动参与讨论、建立信任，构建一个基于价值观而非简单排名的体系。只有这样，我们盼望的事情才会如愿发生。

成功的前提

首先，要缩小的不仅是贫富差距，也应该包括教育差距。如今的政界人士经常把"缩小差距"这个词挂在嘴边，意思是减少地理意义上集中的贫困现象。这就意味着两个可能：第一个可能是《高等教育与研究法》需要更多、更精准地重视继续教育；第二个可能是这个法案本来就不适用于继续教育。如果必须应用于继续教育，那么继续教育应当按照博耶（Boyer）所阐述的"应用研究"类型获得拨款，高等教育机构的费用、拨款和合作安排应当有清楚的指导方案。此外，因为4级（Level 4）资格以上的所有事务均按《高等教育与研究法》管理（但不是全部都用现行条款或注册要求进行监管），应当减少继续教育学院接受督导制度所承受的成本和负担。一直有传言（例如《继续教育周报》所刊文章）认为可能将继续教育学院置于权力下放政府的控制之下（一些地方成人教育拨款在某些方面已经有了这样的做法）。

注重实际和民主管理的原则经常携手而行，保证督导机制能够透彻了解社会阶层在何种模式下得以流动，学习者的渐进成长需要什么条件，不受政策朝令夕改的影响，也防止误导公众认为可以找到捷径快速改变人生道路。因此，在决策过程中，认真考虑教育从业者的意见至关重要。

其次，与上述问题有关的是，除商业盈利状况和学生满意度这两个简略的指标之外（但是这两者均无法全面体现教育公平评估的复杂性），如何衡量教育成效的清晰的辩论同样不可或缺。绝对意义上的社会流动和跨阶层社会流动的途径需要进一步拓宽并得到充分理解。要解决这些问题，需要充足的资金和科研氛围，以便支持学生事务办公室（OfS）将行之有效的做法推广开来［类似于高等教育招生与学生成果转化中心（TASO）当前针对招生与扩大教育参与率计划所采取的主要针对高等教育机构内部的处理方式］。固定的同行评议机制应成为常态。

再次，遵循上述原则，本着更加务实、民主的方法和理解，有望构建并维持一种制度，而非过分依赖督导机构和授予机构之间的权力关系。

最终，有关的报告 / 调查 / 部门 / 继续教育行业都需要看到，这些问题在本质上都是深刻且复杂的。专家、领导者及行业自身对相关问题的探讨以及产生效果需耗费时日，即需要投入资金与时间。杜威的教育理念发表于 1916 年，拉康关于变化的主体性的观点起源于 20 世纪 60 年代初，但这些观点都尚未充分渗透至继续教育。要实现以上所谈论的转变，需要对过往政策进行审慎且深思熟虑的评估。

这些研究显然只是某种可行路径的起点，然而据此可以构建明确的策略，以便根据现实依据和从业人员的亲身体验，对白皮书的相关内容做出回应。

影响

设立《高等教育与研究法》、社会流动委员会等举措只是为推进继续教育而采取立法和具体措施的两个例子，影响这个行业的因素还有很多（第二章有过论述）。自从 1992 年以来，继续教育学院已经企业化，校长们变身首席执行官，这些院校在一片"企业精神"的氛围中投入了市场竞争（Smith et al. 2017，55）。1992 年的《继续教育和高等教育法》带来了企业化，也造成了继续教育学院管理机构的改变。这些院校只能将原来的当地管理部门代表改换成商界人选。亚历山大（Alexander 2010，127）也指出，这个法案造成了大量的审计行为：

> "全景敞视主义"（panopticism）的做法根植于"质量"范式之内。由内部督学和外部机构如英国教育标准局（Ofsted）进行的教学观察，连同持续不断的学生出勤、准时上课、学业成绩以及留存率数据等信息收集，编织了教学过程的监督网。

学院不再从地方管理机构获得资助，不得不设立人力资源、营销、房地产和信息服务部门，一批并非教学出身的管理者由此进入管理层。在管理会议上，他们更多地关注人力资源、营销、房地产等领域，尤其是财务问题，而对学生和教育问题的讨论相对较少。以作者所在学院为例，高层管理团队负责课程的管理人员从五名减至两名，其余人员代表服务部门，并带来了他们自身的专业文化（Baldwin 2003）。因此，大学文化从注重学术转向管理主义，侧重财务、效率和市场。威尔金森和皮克特（Wilkinson and Pickett 2010）支持上述观点，认为将管理实践和意识形态引入教育削弱了专业教育人员的影响力和权力。

格利森和奈茨（Gleeson and Knights 2008，53）提出，决策者认为，管理继续教育学院教职员工应引导他们学会应对"政策的矛盾性、资金管理、各种规则和利益相关者的喜好"，因为领导工作的核心是这些内容，而非专注于培养技能和知识。詹姆森等人（Jameson et al. 2004）在研究中指出，继续教育管理人员的工作主要在于对学校忠诚、争取外部资助、取得业绩、实现成果和妥善管理账目。因此，为实现学员高效优质的成果，他们将教师和行政人员视为需要管理和"控制"的对象。

詹姆森等人（Jameson et al. 2004）还指出，"课程计划"和"业务计划"这两个词语经常交替使用。虽然执行团队的决定与课程计划存在关联，但课程计划、课程进展和相关评价策略显然自成体系。

结论

本章内容分析了当前复杂多变的继续教育管理模式所导致的各种真实挑战，包括立法、督导、资金以及质量改进制度之间的紧张关系，并指出了这些制度与许多人提出的教育理念存在哪些差异。在此背景下，行业领导者的工作难度日益加大。据格雷格森等人（Gregson et al.）的观点，继续教育领域的领导工作正在变得越来越复杂，领导者承担着巨大的压力，有时甚至需要在相互冲突的目标之间做出选择。中层领导者的角色也在发生变化，特别是在执行机构变革政策和项目方面，其重要性日益凸显。他们认为，技术理性正在逐步取代继续教育高级管理的传统要素。

　　比格斯（Biggs）进一步强调，中层领导者对彼此在机构中的职业角色认知有限。他们角色权力各异，各有其独特的内在价值，然而技术理性的态度并未为他们提供充分展示这些价值的空间。事实上，自1980年以来，继续教育领域受到过28份与职业、继续教育和技能培训相关的重要法案的影响，接受6个不同的内阁部门监管，前后接受48位肩负教育责任的内阁大臣的领导。此外，除了英国学院协会（Association of Colleges，AOC）和就业与教育提供者协会（Association of Employers and Learning Providers，AELP）之外，没有一个部门能存在十年以上。

　　因此，要实现政策稳定和部门协作困难重重。然而，邓恩强调，只要业内人士扎实细致地开展实际工作，梳理各方关系并通力合作，我们就能确保各项工作实现自己的内在价值。此观点呼应了森尼特的论述。森尼特始终坚信，合作精神意味着自我技能和素养的提升且不妨碍他人："伴随着一个人的进取，受益的是所有参与和关注实践的人。"（Sennett 2005，153）

　　高级技能培训计划正稳步推进，其潜力与价值日益凸显，有望成为继续教育领域发展的坚实基础。然而，如森尼特所言，随着教育领域的不断发展，复杂的关系网络逐渐浮现，这些网络并未为合作协同提供更为广阔的空间，反而在一定程度上被技术理性和官僚主义目标主导。这导致继续教育学院领导者面临着巨大的压力，难以专注于提升教育质量和评估方法。第四章将详细探讨管理主义与新自由主义对继续教育行业领导者的影响，并针对领导方式提出有助于行业发展的创新建议，进一步展开论述并分析其对行业内不同风格领导者的意义。

参考文献

Alexander, R.J., ed. 2010. *Children, their world, their education. Final report of the Cambridge primary review*. London: Routledge.

Atherston, G. 2017. *The success paradox: Why we need a holistic view of social mobility*. Bristol: Policy Press.

Augar, P. 2019. *Independent panel report to the Review of Post-18 Education and Funding*. DfE.

Baldwin, J. 2003. *The management styles of further education managers during rapid and extensive change. A case study*. Unpublished PhD Thesis, Nottingham University.

Baldwin, J., N. Raven, and R. Webber-Jones. 2019. Whose job is it anyway? Developing the practice of those who support the higher education progression of further education students. In *Transformative higher education: Access, inclusion and lifelong learning*, ed. S. Broadhead, J. Butcher, M. Hill, S. McKendry, N. Raven, R. Renton, B. Sanderson, T. Ward, and S.W. Williams, 111−128. London: Forum for Access and Continuing Education.

Bernstein, B. 1971a. In *On the classification and framing of educational knowledge*, ed. M.F.D. Young. London: Collier-Macmillan.

———. 1971b. *Class, codes and control*. London: Routledge and Kegan Paul.

Biesta, G. 2007. Why 'what works' won't work: Evidence-based practice and democratic deficit in educational research. *Educational Theory* 57 (1): 1−22.

———. 2010. *Good education in an age of measurement*. London: Paradigm Publishers.

Biesta, G., and N.C. Burbules. 2003. *Pragmatism and educational research*. Lanham: Rowman and Littlefield.

Bourdieu, P. 1977. *Outline of a theory of practice*. Cambridge: Cambridge University Press.

Bynner, J., and S. Parsons. 2006. *New Light on literacy and Numeracy*. NRDC.

Callender. C. 2017. How government can widen participation through FE. *FE Week* (August 11). https://feweek.co.uk/2017/08/11/how-government-can-widen-participation-through-fe.

Cockburn, J. 2006. Case study 1: A Case Study of City College Norwich in The role of regional further education colleges delivering higher education in east of England. *The Research & Development Bulletin* 5.

Coe, R.M., M. Waring, and J. Arthur Hedges, eds. 2017. *Research methods and methodologies in education*. Thousand Oaks: Sage.

Coffield, F., ed. 2014. *Beyond bulimic learning*. London: London University Institute of Education (IOE).

Collab Group. 2022. *What we do*. https://collabgroup.co.uk/about-us.

Davy, N. 2016. *Let's take college higher education to the next level*, TES (11 July) (online). Available at: https://www.tes.com/news/further-education/breaking-views/lets-take-college-higher-education-next-level.

Dewey, J. 1916. *Democracy and education: An introduction to the philosophy of education*. New York: Macmillan.

———. 1933. *How we think: A restatement of the relation of reflective thinking to the educative process*. Chicago: Henry Regnery.

Doyal, L., and R. Harris. 1986. *Empiricism, explanation and rationality: An introduction to the philosophy of social sciences*. London: Routledge.

Dunne, J. 2005. What's the good of education? In *Reader in Philosophy of Education*, ed. W. Carr. London: Routledge.

Fielding, M., S. Bragg, J. Craig, I. Cunningham, M. Eraut, S. Gillinson, M. Horne, C. Robinson, and J. Thorp. 2005. *Factors influencing the transfer of good practice*. Department for Education and Skills. https://dera.ioe.ac.uk/21001/1/RR615.pdf.

Gicheva, N., and K. Petrie. 2018. *Vocation, vocation, vocation, the role of vocational routes into higher education*. London: The Social Market Foundation. http://www.smf.co.uk/wp-.

Gleeson, D., and D. Knights. 2008. Reluctant leaders: An analysis of middle managers' perceptions of leadership in further education in England. *Leadership* 4: 49–72.

Gregson, M., et al. 2020. *Teaching in further vocational and technical education*. London: Bloomsbury.

Grosch, P. 2000. Paideia: Philosophy educating humanity through spirituality. *International Journal of Children's Spirituality* 5: 2.

Hill, M. 2015. *Access and Widening Participation in College HE. Briefing paper 3: effective and collaborative outreach*. Action on Access.

Institute of Education. 2017. Further education in England needs more policy attention, says study. http://www.ucl.ac.uk/ioe/news-events/news-pub/aug-2017/fe-needs-more-policy-attention, *Institute of Education*.

Jameson, J., Hillier, Y. and Betts, D. 2004. *The Ragged-Trousered Philanthropy of LSC Part-time Staff*. Presented at the British Educational Research Association Conference, UMITST, Manchester. September 16-18th.

Keep, E. 2018. FE colleges in England and the skills policy agenda. In *New Frontiers for College Education: International Perspectives*, pp. 61–76.

Lucas, B., G. Claxton, and E. Spencer. 2013. Progression in Student Creativity in School: First Steps Towards New Forms of Formative Assessments. *OECD Education Working Papers*, No. 86. Paris: OECD Publishing.

Lumby, J. 2012. *What do we know about leadership in higher education*. The Leadership Foundation for Higher Education.

Lumby, J., and N. Foskett. 2005. *Education policy, leadership and learning*. London: Sage.

Marginson, Simon. 2017. Higher education, economic inequality and social mobility: Implications for emerging East Asia. *International Journal of Educational Development* 63: 4–11.

Martin, W. 2017. HE in FE: 7 things We've Learned, TES (18th August) (online). Available at: http://www.tes.com/news/further-education/breaking-news/he-fe-7-things-weve-learned%3famp.

Office for Students. 2019. *Regulatory notice 1: Access and participation plan guidance*. OfS.

————. 2022. *What is Uni Connect*. https://www.officeforstudents.org.uk/advice-and-guidance/promoting-equal-opportunities/uni-connect/.

Ofsted. 2021. https://www.gov.uk/government/publications/education-inspection-framework.

Opposs, D., and J.-A. Baird. 2020. Governance structure and standard setting in educational assessment. *Assessment in Education, Principles, Policy and Practice* 27: 2.

Orr, K. 2017. The principal: Power and professionalism in FE. In M. Daley, K. Orr, and J. Petrie (eds.). London: IOE Press, pp. 149–152, 4 p.

Petrie, C. 2020. *Spotlight: Quality education for all during COVID-19 crisis* (hundrED Research Report 01). United Nations.

Reay, D. 2000. A useful extension of Bourdieu's conceptual framework? Emotional capital as a way of understanding mothers' involvement in their children's education? *The Sociological Review* 48 (4): 568–585.

Sarason. 1996. *The predictable failure of education reform*. San Francisco: Jossey-Bass.

Sennett, R. 2003. *Respect: The formation of character in an age of inequality*. London: Penguin.

————. 2012. *Together*. London: Penguin.

Sibieta, L. 2011. *Inequality in Britain: An explanation of recent trends*. London: Institute for Fiscal Studies.

Smith, S., H. Joslin, and J. Jameson. 2017. *Progression of college students in London to higher education 2011–2014, project report*. London: Linking London.

White, J. 2010. Why general education? Peters, Hirst and history. *Journal of*

Philosophy of Education 43: 123.

Widdowson, J., and M. King. 2013. *Brief guide for governors, senior staff and clerks in further education colleges: Higher education in further education colleges.* Learning and Skills Improvement Service.

Wilkinson, R., and K. Pickett. 2010. *The spirit level: Why equality is better for everyone.* London: Penguin.

第四章　关键是经济!

本书用大部分篇幅深入剖析一系列外部因素如何对继续教育学院的管理方式、文化内涵、教育类型、学生类型选择、教学方法以及学生管理等方面产生深远影响。本章将系统探讨其中的因素，管理主义与新自由主义理念的影响，分析这两种观念使用的来龙去脉、发展过程，以及它们如何影响了职业院校在内的所有教育机构。同时，我们将细致研究这些理念如何以不同方式融入新公共管理（New Public Management，NPM）中，渗透到职业学校管理和生活的每一个角落。在本章的最后部分，我们提出了一种新的思维方式，旨在确保大学生能够接受更全面、更优质的教育与培训，而不仅仅是满足就业和英国经济的需求。

管理主义的来源

管理主义起源于 20 世纪 80 年代，玛格丽特·撒切尔和罗纳德·里根执政期间，两位领导人均认为公共部门机构表现疲软、低效、懒散且成本高昂，靡费公帑，而公务人员生活安逸，终身受雇（Dorey 2015，1）。因此，公共部门有必要借鉴私营部门所承受的压力，以提高效率和效益。这一观点延续至布莱尔时代（1997—2007 年），至今仍具有一定的影响力（Hodgson and Spours 2006）。

20 世纪 80 年代，布朗和劳德（Brown and Lauder 1996）提出，新右翼政治家认为通货膨胀、高失业率、经济衰退和城市动荡等问题均源于凯恩斯主义经济学的原则，以及促进经济再分配、机会平等和全体福利权利的观念。因此他们主张提高公务员效率、削减预算，并在公共服务中采用私营部门的纪律。此外，他们还认为应消除官僚主义的低效率，并引入一个准竞争的市场框架。

兰德尔和布雷迪（Randle and Brady 1997）主张，卓越的公共服务管理能够实现 3E（economy, efficiency, and effectiveness）——节约、效率和效益。"在 1979 年之前，公共部门的管理并不理想，而私营部门管理水平则较高。因此，私有化及公共部门机构的市场化有助于提升3E。"（Randle and Brady 1997，230）

公共管理部门的思维方式呈现了显著的转变。1979—1988 年期间，英国政府削减了 20% 的雇员，为每个公务员设定了个人目标，并在 1986 年引入了竞争性招标和外包机制（Castellani 2018）。在国家卫生服务体系方面，1982 年废除了地区卫生局，1983 年引入了绩效指标，1987 年实行负责人薪酬与绩效挂钩的措施。1989 年，医院获得自主管理权，建立了"内部市场"，并为普通从业者设立了持股基金。特罗（Trow 1994，2-3）认为，高等教育受管理主义影响的过程可以分为两个阶段：第一个阶段，即"软"管理主义阶段，发生在撒切尔执政时期（1979—1990 年）。政府认为高等教育资金过剩，过于依赖政府拨款，因此削减了拨款资助。第二个阶段则为"硬"管理主义阶段，政府借鉴商业管理的方法来确定大学的优势和劣势，寻找可用于不断改进产品和降低单位成本的工具，从而提高大学办学效果和效率（Trow 1994，3）。1988 年，《教育改革法》催生了学校管理主义的第一阶段，将学校管理权移交给校董，使学校得以甩开地方教育局（LEA）的控制，由国家政府直接维持和资助；此外，通过建立全国课程体系和促进公开招生，使家长有更多择校权；这一系列成功举措削减了地方教育局的作用（Dorey 2014）。

赖特（Wright 2001）指出，管理主义作为一种理念和管理实践的集合，随着管理主义的总体原则逐渐渗透到公共部门组织的核心，"新公共管理"的理念作为管理主义在公共部门机构中的具体应用方式，得到了广泛的认可和推广（Ferlie et al. 1996）。近期，"新自由主义"作为一种新的理念被引入，同样对公共部门机构产生了深远的影响，特别是在创造竞争和引入市场机制方面。

本书的核心议题之一在于探讨管理主义、新公共管理以及新自由主义等理念对教育及其他公共部门组织所产生的影响。这三种概念彼此间存在紧密的联系，并共同构成了自 20 世纪 80 年代以来逐渐盛行的管理主义理论体系。然而，关于这些概念各自的确切含义以及它们之间的区别，目前尚未形成普遍一致的认知。戈登和惠特彻奇（Gordon and Whitchurch 2010，4-5）指出，管理主义在教育领域呈现以下六大特征：

- 学术工作和管理活动分离程度更高。
- 管理人员对学术工作实施更多控制和规范。
- 权力明显从教师向管理者转移，教师地位减弱。
- 强调企业文化和创收精神。
- 政府政策倾向于能够满足社会经济需求的继续教育学院和大学。
- 市场导向更强，资源竞争加剧。

然而，谢泼德（Shepherd 2018）认为管理主义和新自由主义是不同的，上述前三个特征可以被视为管理主义，而后三个则与新自由主义更密切相关。她认为管理主义加上新自由主义等于新公共管理，并给出了以下分析（表 4.1）来说明这一点。

表 4.1　新公共管理改革和实际表现及其意识形态根源

新自由主义	管理主义
<ul><li>实施市场机制和竞争</li><li>服务商品化</li><li>注重性价比，追求小成本、大回报</li><li>集权管理和控制</li><li>接受企业文化</li><li>优先事项从普遍主义转向个人主义</li><li>强调服务质量以及消费者导向和选择</li><li>薪酬和工作条件更灵活</li><li>合同式关系增多（例如买方—提供者）</li><li>公私行业界限模糊，私营行业业务范围扩大</li></ul>	<ul><li>采用更商业化的方法和私营部门的做法</li><li>建立管理文化</li><li>理性管理方式（例如战略规划和目标设定）</li><li>加强线性管理职能（如绩效管理）</li><li>采用人力资源管理技术以确保员工忠诚</li><li>从投入和过程转向产出和结果</li><li>对产出进行更多的测量和量化（例如绩效指标）</li></ul>

来源：谢泼德（Shepherd 2018，1669）。

学校企业化

1988 年《教育改革法》开始放松地方教育局（LEA）对继续教育学院的控制，但新公共管理在英国继续教育学院中登场主要是借助了 1992 年《继续教育和高等教育法》的通过。这使继续教育学院和技术学院脱离了地方当局的控制，学院经历了企业化过程，成为准独立的机构。该法案的目的是：

> 开展影响深远的改革，为年轻人和成年人提供更好的出路——给予学院更大的管理自由，并通过资助制度，为招收更多学生提供强大的经济激励，从而增加教育参与率。（Hansard 1991，532，Lord Belstead，Paymaster General）

西蒙斯（Simmons 2010）在对以往的回顾中指出，1993 年之前，英国各地继续教育学院的角色差别明显。此前继续教育学院所获的拨款来自一百多家地方教育局，资助类型因学校、技术学院、大学及其他学院的重要性而各不相同。部分学院地位重要，而另一些的地位则相对较低（Waitt 1980）。西蒙斯（Simmons 2008）认为学院在地方教育局之间的地位存在差异，其中就涉及地方教育局的拨款。提供给继续教育教师的就业条款和条件颇为优厚，旨在吸引优秀的专业人员离开产业或商业领域，来到学校执教（Taubman 2000，83）。

因此，西蒙斯（Simmons 2010）指出，《继续教育和高等教育法》对继续教育学院的管理、组织和资金层面带来了显著的影响。地方政府不再为学院承担大部分管理和地产服务，而是由学校独立承担这些职责。因此，学院有必要设立专门的人力资源（HR）部门，并聘用会计师和房地产经理等专业人才。相应地，学院管理层需由传统的学术角色向商业角色转变。为鼓励私营部门的理念和观点能够融入学院的管理高层，学院管理机构需要有至少 50% 的成员来自工业或商业领域。随着课程负责人被人力资源和房地产经理取代，学院的管理结构已逐渐由以教育为核心转向以商业为核心（McTavish 2003）。

此外，鉴于继续教育学院需与其他学院、学校和培训机构竞争，营销部门应运而生。继续教育资助委员会因此成立，为学院提供资金，并要求学院制定学生章程并监控用户（即学生）满意度。随之出台的资助制度规定，每招收一名学生，学院都可以获得相应的拨款，但如果学生辍学或课程不及格，将扣除部分款项。

尽管各学院在技术层面上可以自由运作，但由于种种企业化发展，如今面临着频繁的审计。鲍尔（Power 1994，3）将此现象称为"审计爆炸"。过去，在地方教育局的管理下，每所学院都拥有自己的招生区域。若邻近地区的学生希望前往另一所学院，必须申请许可。然而，企业化改革后，学院可以从任何地方招生。为确保课程得以持续，防止学生被其他学院挖走，各学院需积极营销，因而设立了市场营销部门。原本携手合作的兄弟学院如今成为竞争对手。西蒙斯（Simmons 2010）强调，政府将竞争视为提高公共部门组织效率和有效性的手段。

鉴于当前教育机构需要采纳私营行业的做法，目标设定的管理流程已形成，高级管理人员能够清晰掌握各院系及具体课程中的学生流失或不及格情况。学院通过采用商业运营模式，基于各院系从招收及保留学生中获得的收入，以及部门的人力与运营成本，为各负责人合理分配预算。此举目的在于提升各部门的运营效率，从而实现资金的节约。战略规划的制定是私营领域引入教育机构的重要概念之一。卢姆贝（Lumby 1999）强调，企业化转型后的学院应及时制定战略规划以应对资助机构。史密斯（Smith 2015，1）也指出了学院的企业化进程：

> 随之而来的一些问题包括机构对利润最大化的追求、专制文化的盛行、信任度的下降以及对不同观点的压制。这些观点均从企业化视角出发审视知识生产的过程，有悖于员工和公共的利益。

过去，高级和中级学院管理者主要扮演的是"领头羊"的角色，如今他们已逐渐掌握了管理的实权。克拉克和纽曼（Clarke and Newman 1997）指出，推广新公共管理理念时打的旗号就是帮管理者摆脱传统官僚体制的锁链。这些高层管理者被视作时代的英雄，拥有前瞻性的眼光去改变那些固化的组织结构。有人认为，管理主义的理性与技术特性为解决混乱局面提供了有效的路径。通过引进战略管理等技术手段，管理者可以创造更为明确的组织目标，并在应对变化时展现出不同于束缚重重的官僚体制的灵活性。然而，实际情况却是，学院正在从一种官僚模式转向另一种官僚模式。

布科克（Boocock）于 2017 年提出，历届英国政府为统一规范全国的继续教育学院，实施了一套标准的管理政策和流程。据其观察，在企业化改革之前，各学院在地方层面实施管理，享有较大的管理自主权，因此各校可以因地制宜采取行动。然而，在政府的推动下，现今的学院需遵循相似的运作模式和内部管理流程，这在一定程度上限制了学院满足当地社区和特定学生需求的能力。这一转变使得原本主要负责课程安排和学术事务的管理者发生了角色转变，成为负责全面业务管理的经理（Baldwin 2003）。同时，学院校长这一原本以教学为核心领导角色的身份也逐渐被首席执行官替代（Dennis 2016，117）。这些变化反映出，学院正在逐步进入管理主义的狭隘领域，并可能陷入新自由主义和新公共管理的钳制之中，如上文表 4.1 所述。

如上所述，新公共管理对继续教育学院的管理及运营方式产生了深远的影响。接下来，我们将详细分析新公共管理对教育领域，尤其是对学院和大学的多方面影响。

设定测量标准和目标

新公共管理的倡导者主张，学院和大学等公共机构应采纳私营部门所使用的流程，以提升服务质量。要求他们实施私营部门的详尽质量流程，因为这不仅有助于提升服务品质，更能增强运作的效能与效率，进而减少经济压力。在企业化改革之前，地方教育主管部门对于学院的质量监督游刃有余。然而，随着企业化改革的推进，在学院被赋予更多自主权的同时，包括政府在内的各类机构对保证教育质量的期望也随之提升。

怀特黑德（Whitehead 2005）指出，1993 年之前，大学实行家长式管理，为导师和高级管理人员提供优厚的就业条件，他们听命于当选的地方教育局成员。企业化改革后，大学校长们充分利用了新获得的自主权，起初感觉良好。然而，部分校长在竞争激烈的市场中管理庞大组织的能力不足，因此工党政府在20世纪90年代后期决定引入"绩效评估"工具，以确保整个行业的诚信和透明度。

登特和怀特黑德（Dent and Whitehead 2001，17）将"绩效评估"描述为"对测量和评估的过度热衷"：

> 某些人士深信教育和学习经验完全可以被精确量化，且通过设定工作目标即可充分激发员工的积极性，所以他们高度赞扬"绩效评估"的方式。这种观念虽简洁明了，但相当片面。但是对于政府而言，这种评估方式却颇具吸引力，因为它不仅便于部长们对学校实施直接监管，同时也展现出赋予这些机构自主管理权的姿态。

新公共管理的一个特征在继续教育学院得到了体现：这些教育机构采取了商业化的管理手段，并实施了精细的监控和目标设定。马瑟等人（Mather et al. 2009，142）指出，这种管理方式中的劳动绩效指标与专业精神之间存在冲突。与此相对，明茨伯格（Mintzberg 1993）认为，在学院和大学等专业组织中，相较于管理者，"劳动者"更熟悉自身的工作任务，因此管理者不能轻率地指导他们如何完成工作。相较之下，在机械生产机构这类大型组织中，管理者对各自扮演的角色有更深入的了解，因为这些工作通常并不复杂，所以管理者可以对工人发号施令，指导他们如何完成任务。因此，对于专业官僚机构中的管理者而言，如果希望更密切地规范员工的工作，他们应建立基于共同原则的结构和法规，以监督复杂的角色。

实行企业化改革之前，继续教育学院的讲师享有专业领域的自主权，可以自由讲授课程和评价学生，然而自 1993 年以来，越来越多的程序被引入以推广通行的"最佳实践"。费尔斯特德等人（Felstead et al. 2004，166）指出，随着新公共管理被日益推广，讲师的"自由任务裁量权"明显受限，他们被倡导应更加在意如何完成规定的教学和评价角色。塔伯纳（Taberner 2018）认为，当前大学过于关注学术工作的量化评估，而忽视了质性评估。企业化的学院尽管已摆脱地方教育局的控制，但作为资助过程的一部分，仍需向政府报告自身表现情况。基于以上分析，史密斯（Smith）提出了相应的建议：

> 可以说，教育管理体系的运作对教师工作产生了很强的消极影响。新自由主义的推行造成了绩效问责制与教育学的育人过程之间的隔阂，而过分强调绩效的观念和氛围则进一步加剧了这一裂痕。

英国教育标准局

继续教育学院与中学阶段类似，同样接受英国教育标准局（Ofsted）的督导。该机构负责向议会报告英格兰地区学校和学院的教育质量。若学院在评估中表现出色，将在教育市场激烈的竞争中，为学院在社区及潜在学生中赢得良好的声誉，进而帮助年轻人在第六学级学校或当地继续教育学院之间做出选择。《继续教育和技能手册》详细阐述了教育质量的评估标准，并为教育标准局督学设定了对学院各年级的明确成绩要求。这些标准制定得全面而细致，但要想取得卓越的成绩，学院必须满足其中的一项关键要素：

> 教师以精确无误的方式传授知识和 / 或展示技能，促使学生认真思考所教授的学科内容；系统评估学生的理解程度，及时发现并纠正误解，同时提供清晰、具体的反馈。在此过程中，教师会根据

实际情况灵活调整教学策略，避免使用烦琐、冗长或过于个性化的教学方式。(Further Education and Skills Handbook 2019, 49)

总的来说，这些指标明晰了英国教育标准局对教师教学方法和学生评估的要求。鉴于高校管理层与理事会急于取得卓越的标准化考试成果，这必将影响他们规划教师教学和评估的方法。为监控教师是否满足标准，听课成为主要手段(Burnell 2016)。多数学院的管理者每年至少会听一次课，尽管听课方式各异，但普遍给讲师带来了压力，即必须按照英国教育标准局的规定进行教学。教师经常会被评级，若评语是"未达标"，则需要接受再培训以达到标准。大学学院工会(The University and College Union)于2014年发布的报告显示，具有强制性和惩罚性的听课评分制度是继续教育学院中争议最大的问题。然而，他们亦指出，自2014年以来，众多高校已转向更具发展性且无评级的观察方式，以此作为评估教师表现的一种手段。

资格认证机构

各大职业考核认证机构，例如培生爱德思(Pearson Edexcel)和英国伦敦城市行业协会(City and Guilds)等，均秉持着各自独特的质量标准。在英国，许多学院与这些资格授予机构建立了密切的合作关系。回溯至20世纪80年代，质量审核过程主要依赖于职业教师之间的会议讨论，以确保能够维持统一的标准。然而，随着时代的进步，各认证机构已经建立了独立的外部审核流程，专门用于评估学生的学业水平。此外，每年这些机构都会进行一次全面的审核，以确保各学院建立起了稳健可靠的质量管理体系。需要强调的是，这些资格认证机构在具体执行流程和要求上各具特色。

高等教育课程

新公共管理理论主张，接受公共资金拨款的组织应在质量审查方面与质量体系和流程齐备的私营部门组织保持同等水平。这意味着学院和大学等组织需要采纳相似的质量管理流程。多数继续教育学院在提供高等教育课程的同时，还涉及基础学位、高级国家文凭和证书（HND 和HNC）的教育。英格兰约有 10% 的高等教育规则是由继续教育学院提供的（UCAS 2020）。因此，这些学院需采用前文讨论过的与继续教育工作紧密相关的质量体系和程序，同时也不得不采用大学的体系，而这些体系与继续教育大相径庭。在开始阶段，继续教育学院要提供高等教育课程，首先必须由综合性大学或培生爱德思等这些对基础学位、高级国家文凭和证书具备认证权的机构对其进行认证。

大学在正式批准学院开设本科课程之前，必须严格保证学院已经建立起一套全面而完善的质量保障机制。目前，许多学院的课程已经获得了多家大学的认可，这些认可均基于各大学所设定的不同质量规范。监管高等教育质量的职责交给了学生事务办公室（OfS）。为确保符合规定，学院需要在学生事务办公室进行注册，并严格遵守其提出的 23 项特定要求，同时每年都需要提交相关报告。学生事务办公室将高等教育质量的评估工作委托给了英国高等教育质量保证机构（QAA），该机构拥有一套独立的工作流程，学院必须遵循其规定（QAA 2018）。作为学生事务办公室注册过程的一部分，学院还需每年参加全国学生调查，并在自己的官方网站上公开调查结果。此外，学院还需要报告学生在相关领域的就业成功率，这也是教学质量评估的重要参考指标之一——教学卓越框架（Teaching Excellence Framework）。巴塔查里亚和诺曼（Bhattacharya and Norman 2021，34）指出，继续教育学院与大学在合作过程中面临的一大难题是：双方均不乐见融入对方的质量体系中，特别是大学，往往不愿意与学生事务办公室进行互动。

其他机构

学院还提供学徒培训，并且必须遵循学徒制和技术教育研究所（Institute for Apprenticeships 2019）制定的另一套质量流程。此外，许多学院获得了课程讲授许可，如成人教育，相关课程附带了特许人制定的另一套质量标准。其他一些机构和政府要求学院提供数据。学院必须提供诸多报告，包括资格成就报告（Qualification Achievement Reports）、国家成就率表（National Achievement Rates tables）、增值表（Value added Tables）、进步八基准（Progress 8 Benchmark）和社会流动性指数等需要的各种统计数据。学院的运营资金主要来源于教育和技能资助机构（The Education and Skills Funding Agency）、大学及其他机构，因此接受严格的内部和外部账目审计。

继续教育专员

作为众部长的独立顾问（Department for Education 2017，3），继续教育专员一职自 2013 年起设立。至 2017 年，其职责得到进一步扩展，包括提早与学院建立合作，旨在促进加速发展并减少正式干预的必要性。尽管学院在技术上保持独立性，且工作效果受其管理机构监督，但继续教育专员仍有权就"学院管理机构应实施的改进措施"提出建议。实施这些措施及确保领导团队有效运作的责任依然由学院企业承担（DfE 2017，3）。预计在 2021 年的《技能与 16 岁后教育法案》（Skills and Post-16 Education Bill）中，这一角色将得到进一步的拓展。

然而，如果专员认为某学院未达到质量标准或面临财务困难，将有权启动诊断评估程序。经过评估，确认该学院在教学质量或财务运营方面存在较高风险，专员将采取正式干预措施，并在必要情况下，采取以下行动：

● 更换负责人和 / 或领导团队。

- 更改拨款的条件或限制。
- 任命教育和技能资助机构（ESFA）观察员加入理事会。
- 替换或修改现有修整计划、课程评价和质量提升计划。
- 由学院或继续教育专员主导的结构和前景评估（SPA），确定符合当地学习者和雇主最佳利益的最佳发展方式，包括是否应该关闭学院以及为学习者和雇主找到替代教育机构（Department for Education 2017，9）。

《技能与16岁后教育法案》（2021）的目标在于强化继续教育专员的职权。

难以想象一个教育机构要与如此之多的不同机构协同合作，而且每个机构都有严格的质量管控流程。新公共管理理念的倡导者坚信，此种举措将促进更高效、更具效益的产出，进而节约公共财政的支出。虽然1992年颁布的《继续教育和高等教育法》使得继续教育学院从地方政府的掌控中解脱出来，并在理论上赋予学院独立机构的地位，但上述观点揭示出，这种所谓的"独立性"实际上是一种表象。

市场情况

表4.1显示，作为新公共管理主义的关键组成部分之一，新自由主义的核心在于引入市场和竞争机制。布朗与劳德（Brown and Lauder 1996）阐释了新右翼撒切尔主义政治家的观点，他们认为英国若要在国际舞台上占据一席之地，就必须提升教育品质。实现这一目标的有效途径是通过引入严格的市场竞争机制。他们主张，公众应有权利自由选择自己或子女就读的中小学及高等院校。各教育机构间的准市场竞争将促进教育质量的提升，因为若某一教育机构无法售出足够数量的学位以维持运营，将面临倒闭的风险。因此，学校和学院需要拿出风险精神，并在必要时提供小众市场，以满足客户需求。劳德和休斯（Lauder and Hughes 1999）进一步指出，政府坚信教育市场的引入将有助于提高教学质量，因为不胜任的教师将被解雇。在职人员及其雇主将选择能最有

效满足双方知识和技能需求的、提供非全日制课程的学院。

　　然而，劳德和休斯（Lauder and Hughes 1999）也提出，社会阶层、性别以及种族因素在教育选择中起到了决定性的作用。由于市场竞争的存在，中小学和大学在招生中都遇到了明显的两极分化。这种极化现象导致了工薪阶层居住地区的教育机构教学效果不佳，从而难以培养并留住高素质的教师。其原因在于，富裕家庭的学生通常更倾向于选择位于中产阶级地区的学校和学院。相比之下，工人阶级家庭往往难以负担交通费用，使得他们的子女无法进入那些更远但教学质量更高的学校。这种情况进一步导致了教育拨款的减少以及师生士气的下降，最终影响了学生的成绩。博特雷（Bottery 1992）指出，在教育领域引入市场和消费者主导原则可能会带来一系列问题。事实上，企业并非总以消费者的需求为导向。有时，企业会投入过量资金生产他们自以为公众会喜欢的商品，只为跟上大众品味的风向，而另一些大型组织则在广告上砸下巨资，说服公众相信，他们提供的产品才是万众期待的。

　　马尔福德（Mulford 2002）提出，商业契约市场决策与社会契约市场决策在本质上存在明显的差异。社会契约是基于互惠义务和社群共同愿景建立的，例如学院和大学等组织，致力于实现共享服务、关怀和卓越教育的愿景。相比之下，商业契约则塑造了一种商品化关系，其本质呈现出纯粹的工具性特征。交易双方仅通过交易价格来维持联系，这种关系往往是交易性的而非互惠性的，因此更容易破裂或被忽视，且通常较为肤浅、敷衍、短暂。与之形成对比的是，社会契约受到传统关系的约束，涉及对他人的个人义务，这些义务优先于个人利益。这种关系更为深入，以服务群体或社会利益为基础。因此，马尔福德认为，采纳市场价值观可能会使学院和大学相较于以往更加走向衰败。这是因为与学生、教职员工或其他利益相关者之间的关系可能会趋向于纯粹的契约化和商品化。

　　哈珀（Harper 2000）提出，继续教育市场化的进程导致了对客户责任的增加，包括实施教育服务章程、学习合同、教育代金券、投诉程序和满意度调查等一系列措施。这些变革已经重塑了讲师与学生之间的关系。以往，教育被视为国家赋予的礼物，学生应对此表示感激；然而，现在学生已拥有更多的权利和期望，并希望学校予以尊重。兰德尔和布雷迪（Randle and Brady 1997b）的研究显示，许多大学教师认为市场化是一种侵入，破坏了原本基于共同事业、合作和相互责任的师生关系，使其转变为更为商业化的客户与供应商的关系。

被视为客户或消费者的学生

教育机构市场化的一个重要问题在于其对待学生的态度，即是否将学生视为"客户"。年轻的全日制学生往往无须承担学费，而非全日制、年龄较大的学生则须支付相应费用。多数继续教育学院也提供高等教育课程，并对这些课程的学生收取学费。当前大部分大学每年按允许的最高标准收费9250英镑，但学院在设定学费时需要裁定，是应该实施该标准，还是选择降低学费以吸引更多学生。为了吸引一些学生离开综合性大学转到继续教育学院来，大多数学院会收取较低学费，但是这样做会导致一个风险：被人怀疑教育质量是否靠得住。

高等教育领域一直有人在讨论，如果学生缴费，他们是否应该被看成顾客或者消费者。邦斯等人（Bunce et al. 2017）对608名英国本科生的学业表现进行了深入研究，结果显示，那些将自己定位为消费者的学生普遍学业成绩较差。莫尔斯沃思、尼克松和斯卡利恩（Molesworth, Nixon and Scullion 2009）指出，当学生的自我定位偏向消费者时，他们的主要目标转变为"获得学位"，而非致力于成为"学习者"。这种心态加剧了他们的工具性被动学习态度，期望教师直接"移交"知识，而非与他们共同参与学习过程（Woodall, Hiller and Resnick 2014）。T. 芬尼和 R. 芬尼（Finney and Finney 2010）的研究进一步揭示，学生支付学费时认为自己获得了一种权利，因此更可能提出刁钻的诉求。阮和罗塞蒂（Nguyen and Rosetti 2013）认为，将学生视为客户的模式迎合了学生的期望，可能导致学业成绩的水分增加。而哈斯尔和劳里（Hassel and Lourey 2005）也指出，学生在学习中承担的责任相对较小，对高校应该提供的服务和支持存在不切实际的期待。将学生视为客户的模式自然会导致一种期望，即客户需求和满意度应得到尽可能高的满足。此类观点在沃尔夫女男爵一次上议院演讲中得到体现：

> 学生满意度这一评价标准既疯狂又危险。如果教育机构为迎合学生期望，轻易给予高分，而不要求他们付出相应的努力，无疑会降低学术标准，损害教育质量。此举既轻率不负责任，又与大学所承载的学术追求和价值理念背道而驰。（C. Turner，*The Telegraph*，2017）

相反，吉尔博（Guilbault 2016）认为，高等教育行业内竞争激烈，因此必须采取营销方法来吸引学生；学生课程留存率也非常重要，因此必须使用客户模式。吉尔博还认为，由于学生既是大学的受益者，也是服务对象，他们必须被当作客户对待。科里什等人（Koris et al. 2015，37）的一项调查显示，"学生希望学校对在校生施加学习压力"。

里克特等人（Richter et al. 2010）在研究中指出，尽管大学管理层和高级决策者普遍觉得"以学生为客户"的服务理念没什么不好，且营销部门亦将此原则作为核心工作方向加以推进，教师们却并不乐见这种理念。在这种服务理念下，学生是被当作"顾客"招收进来的，但是当学生们感觉教师并未将他们视为客户时，会感到困惑不解。鉴于学院和大学的市场化是管理主义和新自由主义组织运作方式的核心观点，管理者与教师之间的观念差异可能会引发一定程度的冲突。具体而言，管理者倾向于接受新管理主义的理念，从而掌握更多的管理权，而教师则更倾向于维护他们的专业自主权，希望按照自己的意愿进行工作。帕克（Parker 2005）认为，学生的商品化趋势导致学校采取了一种能省工就不出力的态度，可能引发学生的不满情绪，进而影响他们的学习动力。他还强调，讲课和教学的作用应该是重新给学生带来挑战和约束。

引进新公共管理理念，例如将教育纳入市场化运作，有望提升学院的效能与效率，从而节省公共开支。在实施企业化改革前，作者所在学院每年都会编制一本课程手册，列出可供选修的课程，并分发至当地学校和图书馆。如今，该学院尽管规模不大，却设立了市场营销部门，配备五名全职员工，包括一名平面设计师，以及一名专职负责社交媒体的员工。虽然这么做的好处是学生可能有更多机会找到适合自己的课程从而报考该学校，但是新自由主义文化导致每个继续教育学院都需投入大量资金与当地其他学院竞争，而非与其他学院合作以满足当地学生的需求。实际上，这部分开支本可应用于提升学生的学习体验。

人力资源部门

正如上述，继续教育学院在私营部门管理过程的影响下，经历了显著的变革。企业化转型的核心在于学院管理架构的根本性转变，由原先以课程为中心逐渐转向以商业收益为导向。在此过程中，部分学院开始设立财务、市场营销、人力资源、信息系统以及房产管理等职能部门，而且这些部门的规模和影响力也在逐步扩大。20 世纪 90 年代初，笔者曾担任某学院高级管理团队的一员，该团队由校长、两名教务主任、会计师以及一名负责招生、学生事务和信息系统的主任组成。除会计师外，其余成员均具备教师背景。然而，至 20 世纪 90 年代中期，学院进行了重组，新团队由校长、会计师、人力资源主管、信息系统主管以及一名全权负责课程、招生和学生支持的副校长构成。在这一新团队结构中，仅有副校长和校长拥有教师背景，而且只有他们肩负着关注学生学习的重要职责（Baldwin 2003）。这一变革标志着学院内部职责从原先的教学重心逐渐转向商业支持。

明茨伯格（Mintzberg 1993）指出，在他撰写之前的一部著作时，学院和大学尚被定义为专业职责机构，权力掌握在执行核心工作的人手中。然而，如果任其发展，被他称为"技术权贵"的教学辅助人员将逐渐扩大规模和权力，给学校制造越来越浓重的官僚主义氛围。

大学人力资源部门的做法就是向管理主义文化转变的一个例子。在这个部门成立之前，工资发放是由地方教育局处理的，新员工由部门负责人和校理事会面试，面试结果是他们基于申请表上的详细信息以及候选人在面试过程中的表现而做出的决策。在学院企业化之后，其内部仍设有人事部门，负责支持课程管理人员的招聘工作以及薪资发放。然而，随着私营企业逐渐转向人力资源部门的管理模式，高校也采纳了这一理念。随着学校接纳人力资源而非传统人事部门的概念，新教师的招聘方式开始借鉴企业经验，不再看重候选人的求职信，不再重视面试，面试过程逐渐趋于形式化，转而要求他们向管理者和学生汇报展示自身能力；如果候选人竞聘管理岗位，还需完成与财务相关的模拟测试，甚至还要做心理评估。人力资源管理的职责范围不断拓展，与课程教学的关联逐渐减弱，而且更侧重于指导教学管理者如何规范作为，此外他们还承担了原本属于教学管理者的培训和发展等职责。沃纳和克罗思韦特（Warner and Crosthwaite 1993，79）指出，从私营企业招聘至高校的人力资源管理者秉持不同的管理主义思维方式和"商业道德"。赫胥黎和霍尔（Huxley and Hall 1996，80）认为，人力资源管理人员引入了"使命陈述"等源自私营部门的说法，这些概念"通常被认为是人力资源管理及其与公司战略整合的起点"。米勒和卡特（Mueller and Carter 2006）指出，人力资源经理在决定录用候选人时，主要依据一系列测试和面试结果，而并不充分考虑候选人所在部门的负责人的意见，何况这位负责人的意见与人力资源经理的意见相左。

　　学院在管理层面采纳了若干管理主义理念，其中包括，与外部聘请的学术及行政人员签订零工时合同（zero-hour contract），实行按小时计费的模式，仅在需要时支付相应报酬。这种模式在短期成人教育夜校中或许适用，例如当某个班级招生人数达到预设标准后，再行聘请相关教师；可是该模式亦可能被用于每周仅需授课数小时的全日制课程教师。从学院的财务视角来看，这种按需支付员工薪酬的方式无疑为学院带来了更大的灵活性。但值得注意的是，全职导师除承担教学任务外，还需履行行政职责，然而签订此类合同的教师通常只管授课。洛佩斯和德万（Lopes and Dewan 2015）的研究指出，高等教育领域采用零工时合同的做法可能导致"劳动力分层"的现象，使得临时员工难以真正融入部门和机构，同时也缺乏专业发展和非正式学习的机会。

按理来说，借助私营企业人力资源管理技巧，高校应实现更高效率和效益，进而节省资金。然而，在笔者所在的中型学院，原先每个学院管理人员所负责的很小一部分工作如今却需要人力资源部门配备四名全职员工来完成。

始料未及的后果

新公共管理在继续教育学院的实施产生了许多影响，有些出人意料、难以预见。在 1993 年企业化之前，许多继续教育学院或当时所谓的"技术学院"都提供教育和培训，以填补当地中学和技术学院之间的空白。他们提供的大部分课程都是职业课程，面向培训工程、建筑、餐饮和科学等领域的技术人员，同时还提供秘书和业务培训，以满足当地企业的全职和兼职需求。除此之外，还有插花和手工艺等成人娱乐性课程（Simmons 2008）。企业化之后，大学校长可以自由地开设任何他们想要的课程，但由于学校性质已经转为企业，他们转而开设资金支持充足且最具盈利潜力的课程。这导致了意想不到的后果，例如，英国东米德兰兹的拉特兰郡过去有自己的第六学级学院，来自城镇和村庄的年轻人和成年人可以参加高级水平普通教育证书（A level）课程、一系列职业资格和成人晚间课程。企业化之后，该学院挣扎求存，后被北安普敦郡的一所大型继续教育学院接管，但最终于 2016 年关闭（Rutland and Stamford Mercury 2016）。因此，居住在奥克姆镇上的年轻人现在只得去 15 英里（约合 24.14 千米）以外的继续教育学院学习大多数职业课程。

在过去的 25 年中，新公共管理原则和政府政策一直关注继续教育部门的有效性、效率和性价比。自 1993 年起，继续教育学院的角色已逐渐转变，从满足当地所有利益相关者的需求变为主要满足整体经济的需求。尽管继续教育的重要角色一直是满足当地行业对培养合格技术人员的需求，但这一角色现已几乎成为其唯一职责。

大多数继续教育学院提供成人教育课程，这些课程传统上旨在为成年人提供重返教育的机会，并促进他们在手工艺、烹饪、插花、瑜伽和素描等活动中的社交互动，同时学习如水电工技术、外语或计算机应用等实用技能。然而，随着新公共管理理念的推行，即继续教育学院应为经济做出贡献，过去十年间大学提供的成人课程范围已逐渐缩小。目前，仅工具性课程或提供职业技术的课程，如水电工、IT 技能提升等，尤其是针对老年人和提升幸福感的课程，如瑜伽（有助于减轻英国医疗系统压力），才能获得资助（Education and Skills Funding Agency，2019）。

《技能与 16 岁后教育法案》（2021）进一步强调了雇主在继续教育学院提供教育和培训方面的决定性作用。如果大学不能满足这些需求，可能会面临处罚。

巴塔查里亚与诺曼（Bhattacharya and Norman 2021）指出，高等教育机构与继续教育学院之间的持续协作将产生诸多有益结果，特别是在扩大教育参与度及实现互补发展方面。然而，考虑到双方在 4 级（Level 4）和 5 级（Level 5）资格领域的竞争关系，他们对这种合作持谨慎态度。第七章将详细探讨这一问题，并深入研究合作过程中所面临的挑战与障碍。

随着管理主义在学院和大学中产生的影响日益加深，教学人员与教学辅助人员之间的关系也日趋紧张。众多新设立的部门，如人力资源、市场营销、质量控制、信息系统以及学生事务等，其员工虽拥有独特的专业文化和相关工具，但普遍缺乏学术背景。这些辅助性部门逐渐壮大，并开始对教学人员指手画脚。斯派塞（Spicer 2017，1）的研究显示，目前三分之二的大学拥有的管理人员已超过教职员工。在大学承受财务压力时，他们造成的开支只是为了"做做样子"：

> 其中包括成本高昂的品牌重塑工程、亦步亦趋地听从审计和排名机制、与迟缓的信息技术系统僵持、搞些大而无当的战略计划以及毫无用处的"远见领袖"举措。

在《泰晤士高等教育》的一篇文章中，爱德华兹（Edwards 2017）写道，由于种种原因，他将辞去英国的大学职位前往德国，但他表示，他认为行政人员应当负责行政管理，学者则应专注于学术工作，然而

相反，它滋生了越来越复杂的行政迷宫，这些迷宫不仅难以应对，而且实际上已成为学校工作的主体。这种现状颇有"卡夫卡"式的荒诞感，这么说并非夸张。

结论

西姆金斯和卢姆贝（Simkins and Lumby 2002）认为，尽管企业管理理念在很大程度上改变着继续教育学院的发展过程，然而其他一些因素，诸如政府政策的持续调整、学生数量及类型的变化等，亦对职业教育及其管理模式产生了显著影响。此外，他们进一步指出，不能一概地认为只有传统专业范式才以学生为中心，而企业管理话语则无法做到。事实上，两者均关注学生的需求，只是它们分别从不同视角出发去满足学生需求和保证教育质量。

布科克（Boocock 2019）指出，新公共管理模式对继续教育学院的领导和管理产生了显著影响，使其呈现出交易性和专制性特征。这些学院过分关注如何达成政府设定的目标，而忽视了满足当地企业和社区的需求。自上而下的新公共管理模式导致了一种英雄主义的理念，即只有领导者才有资格做出重大决策。然而，近年来，政府倡导大学转向更为分散的领导模式，鼓励所有员工和利益相关者积极参与。2013 年设立的教育与培训基金会（Education and Training Foundation）亦鼓励推动此变革，以确保拥有一支高效且富有活力的员工队伍。

一些研究者发现，将新公共管理理念强加于继续教育学院，引发了道德风险。丹尼斯等人（Dennis et al. 2017，190）指出，新公共管理模式下的管理氛围中，领导者职业操守堪忧，仅仅机械地执行他人制定的政策，导致"教育目的与价值在追求效率的过程中受到压制"。

　　波尔泰利和以撒迪拉德（Portelli and Eizadirad 2018）指出，新公共管理对继续教育学院的负面道德冲击巨大，亟待改变和消除。本章已经讲过，自 20 世纪 90 年代中期以来，新公共管理对继续教育学院产生了深远影响，对讲师的教学和评估方法、学院的管理和课程推广、学校对学生的看法、教学质量的评判以及管理人员数量和影响力的增加等方面均带来了变革。大学管理者的关注点已从以学习和评估为主转向重视效率、有效性和效益。1992 年实施的《继续教育和高等教育法》旨在使继续教育学院摆脱地方当局官僚机构的束缚，赋予学院自主决策的权力。然而，我们已目睹地方当局的控制如何被国家政府的控制和官僚机构取代。英国教育部（DfE 2021a，12）发布的《就业技能：终身学习促进机会和成长》白皮书（后在《技能与 16 岁后教育法案》中获得正式确认）强调了这一点，并提出赋予教育大臣权力，以便政府在"问题持续存在，而大学无法有效解决的情况下，迅速果断地进行干预"。

　　《技能与 16 岁后教育法案》（2021）因其为广大民众提供机遇而备受英国教育部（DfE 2021b）赞誉。的确，该法案反映出政府对继续教育的关注程度日益提升。然而，法案在实质上仍倾向于管理主义、新自由主义及技术理性，强调雇主在教育和培训领域的话语权，而对学生需求的关注不足（p. 2）。根据该法案，若一所学院在就业层面上无法为自己服务的群体带来理想成果（p. 6），政府有权动用新得到的权力进行干预。

　　奥斯本（Osborne）于 2006 年提出，新公共管理已转向新公共治理。在美国，米兰科维奇和戈登（Milakovich and Gordon 2013）认为新公共管理已演变为新公共服务。新公共服务这一概念在美国逐渐成形，旨在解决新公共管理面临的若干问题。

　　新公共服务理念强调，继续教育学院和大学等公共组织与私人组织存在本质区别，因为前者不仅拥有客户（即学生）等利益相关者，还对更大范围的社会承担责任。此外，公共组织的员工通常对其工作有强烈的归属感，因为他们的工作直接服务于社会和公共利益，为他们带来成就感。新公共管理理念注重服务于客户，而新公共服务理念则强调服务于公民。米兰科维奇和戈登（Milakovich and Gordon 2013，427）的研究表明，将公民角色转变为客户将稀释公共利益，并对民主治理和公共行政带来损害。

　　毋庸置疑，自上而下的、专制的新公共管理模式或许并非高等院校或科研机构最理想且富有成效的运营策略。相比之下，分布式管理可能更具成效。同时，新公共服务理念能够有机整合服务职能与社会公众及行业的需求，更有利于经济，也许是一个更优选项。卢姆贝（Lumby 2003）指出，自上而下的管理模式已被证实效率较低，而转向分布式领导，即承认组织内部每位成员的关键作用，是一种更为高效的共享领导风格。本书将对此议题进行深入探索，该领域的研究时机业已成熟。

参考文献

Baldwin, J. 2003. *The management styles of further education managers during rapid and extensive change. A case study.* Unpublished PhD Thesis, Nottingham University.

Bhattacharya, A., and A. Norman. 2021. *Study buddies? Competition and collaboration between higher education and further education.* London: The Social Market Foundation.

Boocock, A. 2017. Caveats for the new localism in further education — Why the use of principal–agent solutions at the local level will not work. *Research in Post-Compulsory Education* 22: 2.

———. 2019. Meeting the needs of local communities and businesses: From transactional to eco-leadership in the English further education sector. *Educational Management Administration & Leadership* 47 (3): 349–368.

Bottery, M. 1992. *The ethics of educational management.* London: Cassell.

Brown, P., and H. Lauder. 1996. Education, globalisation and economic development. In *Education, culture, economy society*, ed. A. Halsey et al. Oxford: *Oxford University Press.*

Bunce, L., A. Baird, and S. Jones. 2017. The student-as-consumer approach in higher education and its effects on academic performance. *Studies in Higher Education* 42: No.11.

Burnell, I. 2016. Teaching and learning in further education: The Ofsted factor. *Journal of Further and Higher Education* 41: Issue 2.

Castellani, L. 2018. The rise of Managerialism in the civil service: The Thatcher years. In *The Rise of Managerial Bureaucracy*. London: Palgrave Macmillan.

Clarke, J., and J. Newman. 1997. *The managerial state, Power, politics and ideology in the remaking of social welfare*. London: Sage.

Dennis, C.A. 2016. Further education colleges and leadership: Checking the ethical pulse. *London Review of Education* 14 (1): 116–130.

Dennis, C., O. Springbett, and L. Walker. 2017. Further education, leadership and ethical action: Thinking with Hannah Arendt. *Educational Management Administration and Leadership* 47 (2): 189–205.

Dent, M., and S. Whitehead, eds. 2001. *Managing professional identities: Knowledge, performativity and the 'new' professional*. London: Routledge.

Department for Education. 2017. *Intervention policy in colleges and expansion of the further education commissioner role*. DfE.

———. 2021a. *Skills for jobs: Lifelong learning for opportunity and growth*. DfE.

———. 2021b. *New legislation to help transform opportunities for all*. DfE.

Dorey, P. 2014. The legacy of Thatcherism for education policies: Markets, Managerialism and malice (towards teachers). In *The legacy of Thatcherism: Assessing and exploring Thatcherite social and economic policies*, ed. S. Farrall and C. Hay. Oxford: Oxford University Press.

———. 2015. The legacy of Thatcherism — public sector reform. *Observatoire de la Société Britannique* 17: 33–60.

Education and Skills Funding Agency. 2019. *ESFA funded adult education* budget (AEB): funding and performance management rules 2019 to 2020. ESFA.

Edwards, M. 2017. I Quit! I am leaving UK academica, Times Higher Education.Online: https://www.timeshighereducation.com/blog/uk-academia-has-gonehell-handcart-and-i-quit. Accessed 7 May 2022.

Felstead, A., D. Gallie, and F. Green. 2004. Job complexity and task discretion: tracking the direction of skills at work in Britain. In *The skills that matter*, ed. C. Warhurst, I. Grugulis, and E. Keep, 148–169. Basingstoke: Palgrave Macmillan.

Ferlie, E., L. Ashburner, L. Fitzgerald, and A. Pettigrew. 1996. *The new public management in action*. Oxford: Oxford University Press.

Finney, T., and R. Finney. 2010. Are students their universities' customers? An exploratory study. *Education and Training* 52 (4): 276–291.

Gordon, G., and C. Whitchurch. 2010. *Academic and professional identities in higher education: The challenges of a diversifying workforce*. Abingdon: Routledge.

Guilbault, M. 2016. Students as customers in higher education: Reframing the debate. *Journal of Marketing for Higher Education* 26 (2): 132–142.

Hansard. 1991. Lord Belstead, Paymaster General, 532. https://hansard.parliament.uk/Lords/1991-03-21/debates/d1ec4c8c-7484-4cd4-8692-0d107cb4dfa0/FurtherEducationReorganisation.

Harper, H. 2000. New college hierarchies? Towards an examination of organizational structures in further education in England and Wales. *Educational Management, Administration and Leadership Journal* 28 (4): 433–445.

Hassell, H., and J. Lourey. 2005. The Dea(r)th of student responsibility. *College Teaching* 53 (1): 2–13.

Hodgson, A., and K. Spours. 2006. An analytical framework for policy engagement: the contested case of 14–19 reform in England. *Journal of*

Education Policy 21 (6): 679–696.

Huxley, L., and V. Hall. 1996. Human resource Management in Higher Education: Idiom and incidence. *Research in Post-Compulsory Education* 1 (1): 77–85.

Institute for Apprenticeships. 2019. https://www.instituteforapprenticeships.org/quality/the-quality-strategy/.Accessed 18 Jun 2021.

Koris, R., A. Ortenblad, K. Kerem, and T. Ojala. 2015. Student-customer orientation at a higher education institution: The perspective of undergraduate business students. *Journal of Marketing for Higher Education* 25 (1): 29–44.

Lauder, H., and D. Hughes. 1999. *Trading in futures — why markets in education don't work.* Maidenhead: Open University Press.

Lopes, A., and I. Dewan. 2015. Precarious pedagogies? The impact of casual and zero-hour contracts in higher education. *Journal of Feminist Scholarship* 7: 28–42.

Lumby, J. 1999. Strategic planning in further education — the business of values. *Educational Management and Administration* 27 (1): 71–83.

———. 2003. Distributed Leadership in Colleges: Leading or Misleading, Educational Management. *Administration and Leadership* 31 (3): 283–293.

Mather, K., L. Worrall, and R. Seifert. 2009. The changing locus of workplace control in the English further education sector. *Employee Relations* 31 (2): 139–157.

McTavish, D. 2003. Aspects of public sector management. A case study of further education, ten years from the passage of the further and higher education act. *Educational Management and Administration* 31 (2): 175–187.

Milakovich, M.E., and G.J. Gordon. 2013. *Public Administration in America.* 11th ed. Boston: Wadsworth.

Mintzberg, H. 1993. *Structure in fives: Designing effective organizations*. Englewood Cliffs: Prentice-Hall, Inc.

Molesworth, M., E. Nixon, and R. Scullion. 2009. Having, being and higher education: The marketisation of the university and the transformation of the student into consumer. *Teaching in Higher Education* 14 (3): 277–287.

Mueller, F., and C. Carter. 2006. The HRM project and managerialism. Or why some discourses are more equal than others. *Journal of Organizational Change Management* 18 (4): 369–382.

Mulford, B. 2002. A global challenge. A matter of balance. *Educational Management and Administration* 30 (2): 123–138.

Nguyen, A., and J. Rosetti. 2013. Overcoming potential negative consequences of customer orientation in higher education: Closing the ideological gap. *Journal of Marketing for Higher Education* 23 (2): 155–174.

Osborne, S.P. 2006. The new public governance? *Public Management Review* 8 (3): 377–387.

Parker, J. 2005. Aspirational higher education: Real outcomes in probing the boundaries of higher education. In ed. F. McMahon and T. Clae. Oxford: Inter-Disciplinary Press.

Portelli, J., and A, Eizadirad. 2018. Subversion in education: Common misunderstandings and myths. *International Journal of Critical Pedagogy* 9: 1.

Power, M. 1994. *The audit explosion*. London: Demos.

QAA. 2018. https://www.qaa.ac.uk/news-events/news/ofs-and-qaa-agree-arrangements-for-quality-assessment-in-higher-education. (Accessed 9 Mar 2021).

Randle, K., and N. Brady. 1997. Further education and the new Managerialism. *Journal of Further and Higher Education* 21: 2.

———. 1997b. Managerialism and professionalism in the 'Cinderella

Service'. *Journal of Vocational Education and Training* 49: 1.

Richter, P., S. Walsh, and R. Wilson. 2010. The student as confused customer?: Competing models of the Higher Education 'student experience'. www.srhe. ac.uk/conference2010/abstracts/0231.pdf. (Accessed 15 May 2021).

Rutland and Stamford Mercury. 2016. Shock as Rutland County College will not open for year 12 classes. Online: https://www.stamfordmercury. co.uk/news/shock-asrutland-county-college-will-not-open-for-year-12-classes-1-7556899/. Accessed 7 May 2022.

Shepherd, S. 2018. Managerialism: An ideal type. *Studies in Higher Education* 43 (9): 1668–1678.

Simkins, T., and J. Lumby. 2002. Cultural transformation in further education? Mapping the debate. *Research in Post-Compulsory Education* 7 (1): 9–25.

Simmons, R. 2008. Golden years? Further education colleges under local authority control. *Journal of Further and Higher Education* 32 (4): 359–371.

———. 2010. Globalisation, neo-liberalism and vocational learning: the case of English further education colleges. *Research in Post-Compulsory Education* 15 (4): 363–376. ISSN1359–6748.

Skills and Post 16 Education Bill. 2021.

Smith, R. 2015. College re-culturing, marketisation and knowledge: The meaning of incorporation. *Journal of Educational Administration and History* 47 (1): 18–39.

Spicer, A. 2017. Universities are broke. So let's cut the pointless admin and get back to teaching. *The Guardian*, 21 August 2017.

Taberner, A. 2018. The marketisation of the English higher education sector and its impact on academic staff and the nature of their work. *International Journal of Organizational Analysis* 26 (1): 129–152.

Taubman, D. 2000. Staff relations. In *Further education re-formed*, ed. A.

Smithers and P. Robinson, 82–88. London: Falmer.

The University and College Union. 2014. Lesson observation. https://www.
ucu.org.uk/lessonobservation. Accessed 15 May 2021.

Trow, M.T. 1994. *Managerialism and the academic profession: Quality control*. London: Quality Support Centre.

Turner C, The Telegraph. 2017. Universities warned over 'snowflake' students demands. Accessed on 19 June 2021.

Universities and Colleges Admissions Service. 2020. https://www.ucas.com/
undergraduate/what-and-where-study/studying-uk-college.Accessed 4 May 2021.

Waitt, I., ed. 1980. *College administration*. London: NATFHE.

Warner, D., and E. Crosthwaite. 1993. *A new university challenge for HR professionals*, 24–27. Personnel Management.

Whitehead, S. 2005. Performativity culture and the FE professional. *Management in Education* 19 (3): 16–18.

Woodall, T., A. Hiller, and S. Resnick. 2014. Making sense of higher education: Students as consumers and the value of the university experience. *Studies in Higher Education* 39 (1): 48–67.

Wright, N. 2001. Leadership, 'bastard leadership' and managerialism: confronting twin paradoxes in the Blair education project. *Educational Management and Administration* 29 (3): 275–290.

第五章　通过协作进行教育评价
和改进的新路径

促成教育进步，全靠一件事触发另一件事的连锁反应，或者只用一年或整整七年时间采用各式新研究或教学方式，却又突如其来地转向某种全新的教育理念——类似这样的教育趋势，如果教师们能充分依靠自己的独立智慧，就不会出现。（Dewey 1904，16）

如第一章所述，继续教育学院的企业化使得这些学院得以脱离地方当局的管辖，从而演变为独立运营的机构。此后，学校逐渐转向企业化运作模式，校长变身首席执行官，继续教育学院随着一片"企业精神大潮"融入市场之中（Smith 2007，55）。兰伯特在研究中指出，他经过调查发现，大学校长的角色已经发生了显著的变化，由原先的学术带头人转变为现今的管理者（Lambert 2013，39）。

虽然大学在形式上获得了独立，但实际上，其独立性受到资助机制的约束。这一机制设定了向学生提供的资金数量，并在特定学科领域增加了权重。在企业化之前，各郡议会的生均拨款总额各不相同，但随着企业化的推进，实行了标准化拨款体系，并以此为契机减少了拨款金额，以激励大学提高运营效率。这种变革催生了一种新的气候。政府通过制定政策，鼓励管理人员追求效率。因此，教师的雇佣合同被重新谈判，人数被削减，而留下来的教师则不得不延长工作时间（Alexander 2010，127）。

教育效率评估的指标一部分为营收状况，一部分为教学成果。2019年

4 月，英国学院协会与教育部共同组织了一场线上研讨会，时长为一小时，主要议题为阐述并探讨 2016 年资格认证情况表的内容调整。研讨结果显示，只有少量非学术资格被纳入新的考核体系中。后续公告显示，英国教育部将分两个阶段对 16 岁后资格证书认证进行全面审查，以确保多数资格能够进入教育机构的排名表。同时，英国教育标准局（Ofsted）正探讨新的督导制度，旨在降低对成果的过度侧重。然而，当前无论是督导中的关键促进因素还是外部对教育机构的干预，仍然以成果为主导，这一点未见显著改善。值得注意的是，新教育专员在进行干预时，不再以英国教育标准局的"不合格"评价或学科未达标为前提。但新机制规定"将采用完整的数据系列"，这可能导致监管继续教育行业的部门在做法上难以保持一致。

近期，政府相继推出了一系列政策，然而这些政策在执行过程中给继续教育领导者带来的工作压力并未得到充分的认识与关怀。政策制定者也没有提供必要的职业发展支持措施，以帮助应对这些压力。事实上，英国教育标准局所给予的"不合格"及"后期整改"等评级，可能会引发教育专员的介入。将来，每家继续教育学院都将与专员及教育和技能资助机构（ESFA）定期召开年度会议。事实上，迄今为止，人们一直思考，政治上对继续教育的考量以及它就此做出的回应如何深远地影响着继续教育的定位，这已成为教育研究领域的重要议题。本章将探讨如何通过合作的方式，遵循森尼特（Sennett 2010）所倡导的"解决问题、发现问题与批判"的思维模式，为教育改进和评估提供更为务实的支持。我们期望能够逐步实现杜威（Dewey 1916）所构想的教育改进的理想状态。

实践经验

为验证本章的论点，我们与继续教育行业内的部分管理人员紧密合作，参考他们丰富的实践经验，共同策划了一系列叙事探究。通过深入分析、阐释和反思具体案例，我们努力深入探究政策对实践的影响，确保所探讨的观点具备可行性并能够为解决问题提供有力依据。第八章将全面展示这些案例研究的细致分析过程，其中包括来自继续教育领域的中高层管理者的深度参与。他们回顾了与管理紧密相关的关键事件，为我们提供了宝贵的实践经验和深刻见解。

经过深入研究，这些案例着重探讨了与雇主、学生及其他教育机构建立合作关系，以探寻更具实效的工作模式是否可行。在继续教育领导力信托基金会（Further Education Trust for Leadership，FETL）2021年的期刊中，一篇题为《学习伙伴？》的论文详细阐述了学院院长与大学副校长期望携手合作的愿景。这些案例研究旨在全面剖析此类合作模式可能带来的复杂性问题、所面临的挑战以及潜在的发展机遇。此外，克兰迪宁和康奈利（Clandinnin and Connelly 2000）提出了叙事探究（narrative inquiry）的概念，并对其涉及的问题进行了深入的剖析。

他们关注的首要问题是"时间性"，因为任何事件似乎都隐含着未来的元素。事件并非孤立地"发生在当下，而是随着时间演变而形成的一种表现"。与时间性紧密相连的第二个问题是关于人的因素，因为个体在任何时刻都处于不断学习和发展的过程中。因此，"叙述过程中的人"成为至关重要的考量因素。

第三个挑战在于如何理解行动。如果主体未曾体验过某个符号所代表的含义，那么将难以解读这个符号，进而无法洞察行动的起源。最后，他们提出了确定性问题。叙事探究的本质在于解释和理解，无论我们多么希望呈现学生真实的表现数据，都需要清楚地知道，数据是可能被操纵也可能被误读的。在当前情境下，我们能做的，是竭尽所能了解事实，同时以开放态度看待其他可能性。森尼特（Sennett 2012，65）认为，协作可能带来"脆弱的平衡"，在教育领域，资助与协作之间存在微妙的张力关系。他提出：

> 协作与竞争可以和谐共存。竞争的本质往往伴随着攻击性和愤怒，这是人性中不可避免的一部分。然而，通过一系列积极的互动方式，如试探适应、对话交流、建立联盟、参与社区活动或研讨会

等，我们可以有效地平衡这种潜在的破坏性力量。因为善意也镌刻在我们的基因里。

本书所探讨的许多案例研究表明，从根本上说，继续教育体系（或者说后联合政府时期即 2015 年英国大选后的教育体系）并没有产生重大的改变。

案例研究揭示了什么？

2021 年的《继续教育白皮书》是对《奥加尔审查报告》的首度回应，详细剖析了未来十年内继续教育问责机制的演变趋势。第二、三章已明示该领域执行政策所面临的挑战，但是白皮书仍建议，若教育机构未能满足地方技能计划之要求，内阁大臣应被赋予更大的干预权限。通过本调查的 19 个案例研究，继续教育领域的领导者们揭示了：

- 教育界与商界之间具有强烈的合作意愿。尽管不同地区在这方面的表现存在差异，但普遍的观点是，教育界的角色在于为商界提供必要的支持。

- 许多人对政策制定者是否能充分理解这种合作愿望持怀疑态度，正是政策制定者理解的不足，导致了"过度干预"的出现。

- 竞争压力往往让合作举步维艰，许多人因此认为竞争是有害无益的。此外，还有案例研究指出，"市场并不总是产生最佳结果"。

他们普遍认为，当前对于政策实施与评估以及教育改进所采取的技术理性方法导致了绩效评价措施，对部门领导者产生了不利影响。因此，尽管领导者需要对众多个人和公共机构承担责任，但全面提升该部门的责任该由谁来承担尚不清晰。J. 埃利奥特（Elliott 2001）曾指出，技术理性系统导致人们陷入困境，迫使他们放下个人经验，过度依赖外部设定的标准，而这些标准又往往与他们的日常教育工作实践脱节。这一现象在成绩榜单上表现得尤为突出。

教育测量以及技术理性路径的影响

根据 L. 埃利奥特（Elliot 2018）的研究，英格兰继续教育、成人教育及职业教育（FAVE）系统近期实施了多种质量提升举措，包括增加了负责质量保证措施的机构。上述作者及另外一些学者的研究充分记录了这些方法对教师与教育领导者关系的负面影响。然而，政治家们非常清楚，在排行榜上名列前茅对于政府寻求连任的民意调查数据是非常有利的（Biesta 2010，15）。这一点从众多指导文件中可见一斑。这些文件宣扬排行榜等教育质量测量手段的优点，同时允许未经资格认证的个人在主流教育中执教；并且尽管口口声声说要减少官僚主义，实际上却反而增加了工作量。

杜威（Dewey 1933，26）反驳了教育的目的是经济服务的观点。相反，他认为教育是"至高无上的艺术"，是"社会进步与改革的基础"。因此，他主张"教育即生活"。然而，这一论点多年来并未受到重视，技术理性的方法依然困扰着继续教育及其领导者的工作。人们一度认为这些方法能让政策专家和政治家了解该领域的"真实情况"。例如，2019 年 4 月 3 日，政府发布了一份"一站式"文件，旨在"加强对学院的监管"。实际上，该文件详细介绍了关于继续教育专员触发干预的新方式，以及在此基础上的一整套（新的）干预措施和指导方针。干预着重关注学校破产问题，以及当一所教学机构存在两年内破产的迹象时如何启动干预。每年将基于成绩滞后的学习者人数发布资助拨款信息，成人学习和学徒制的相关信息则每月发布。在过去五年中，英格兰地区的继续教育专员实施了 60 次干预、39 次地区审查访问。当时，英格兰有四所继续教育学院获得了"优秀"等级，而在 2017 年 1 月至 2018 年 5 月期间，没有一所继续教育学院获得英国教育标准局（Ofsted）的最高评级"优秀"（这意味着要么是该领域的领导实践缺少进取心，要么是四点评分系统不够有效——或者两者兼而有之，或者就是在质量改进方法上存在更深层次的问题）。值得注意的是，从未有任何政府机构对该领域在成果和表现上的这种不平衡做出过评论。教学正是在这种错综复杂的情况下进行的。2011 年，迈克·内亚里（Mike Neary）就高等教育中"学生作为生产者"的模式开展了研究，其中一些方法在继续教育中正变得日益明显。

学生在继续教育中的参与

继续教育学院的学生在一定程度上参与学院管理和教学质量维护，并在课程制定和评估方面享有部分发言权。然而，相较于高等教育中的学生参与度，其参与重要性相对较低，因此学院错失了充分利用这一可能促进学院与学生共同受益的机会（Frampton and Playfair 2019）。但是，根据作者的经验观察，由于多数继续教育学院均提供高等教育课程，参与这些课程的学生能够发挥更大的影响力和参与度。实际情况表明，学生的意见正通过以下几种方式逐渐影响学院所采取的路线。

学生理事

按照先前所述，学院是根据 1992 年英国颁布的《继续教育和高等教育法》而设立的法定机构。依据此法，每所大学均须设立一个管理机构，负责全面监督学院的运营与绩效，包括人事聘任及学生成绩管理等方面（Cass and Stroud 2009）。该法案在 2011 年《教育法》中得到了修订，明确规定每所继续教育学院必须制定管理文书与章程，并在章程中确立理事会的存在。理事会负责决定其成员数量，但法案同时指出，成员中必须包含教职员工与学生理事（AOC 2020）。一般而言，理事会成员包括三名学生代表，即一名全日制学生、一名非全日制学生及一名高等教育代表学生；两名教职员工，分别为一名教师和一名行政人员。此外，还包括 10~14 名大多数代表本地雇主的其他外部理事（DfE 2019）。

学生理事的任命机制比较独特，与其他理事的任命存在差异。鉴于学生在校学习时间的限制，其任期相对较短。然而，无论任期长短，学生理事均为理事机构的正式一员，由学生通过选举产生。在理事会中，学生理事并不专门代表学生利益，而是服务于"为学校谋求最佳利益"这一核心目标（Cass and Stroud 2009）。大部分理事会上设有小组委员会，学生理事往往获邀加入质量或标准委员会，发挥其作为学生客户及核心利益相关者的独特经验和视角。鉴于其他外部理事难以从学生视角理解问题，学生理事的存在显得尤为关键。此外，学生理事负责向学生传达理事会决策的原因和过程，确保学生们了解决策是如何制定和实施的。

学生与质量保证

要评估所受教育的质量，大学生被认为是最适宜的人选。多数学院急于得到学生的反馈意见，以此为依据来优化其服务质量。因此，学院鼓励学生通过多种途径对教学进行评价，方式包括在线调查、学生代表会议、学生热点问题小组、课程代表对高级教职员工的反馈以及每学期进行的问卷调查（DfE 2015，8）。在继续教育领域，虽然调查反馈可能形式各异，但一般而言，大学通常会以英国教育标准局提出的问题作为督导过程的一部分。

高等教育机构每年都会进行一项全国性的学生调查，要求英国大学及众多继续教育学院的毕业生回答 27 个关于其高等教育学习经历的问题（OfS 2021a）。此项调查旨在为招生对象提供相关信息，并为高等教育机构提供数据支持，以优化学生体验并促进公众问责制的实施。对于继续教育学院而言，他们进行的是一项相对简短的"继续教育选择学生满意度调查"（FE Choices Learner Satisfaction Survey），该调查只包含 10 个问题，所收集的满意度数据有助于各学院之间进行横向比较（DfE 2020）。此外，大学还会采用自制问卷来了解学生对大学经历的反馈。然而，这种做法有时会引起争议。例如，2010 年，大学学院工会（The University and College Union，UCU）就指出，学生调查已经沦为一种管理工具，导致继续教育学院和大学的学生投诉和抱怨不断（UCU 2010）。同时，当教师接受管理方听课时，听课人通常也会收集学生的意见。

此外，绝大多数继续教育学院均设有学生会，该机构由各课程组的学生代表构成（NUS Connect 2021）。作为咨询机构，学生会一般由高年级学生担任主席。从本书作者的实践经验来看，学生会具有一定的积极作用，其成员能够代表学生发声，提出建议和意见，推动学校改进工作。然而，他们往往只关注对学生而言重要但相对琐碎的问题，如食堂薯片价格过高。针对高等教育学生则单独举行理事会，一方面有助于学生了解学院的运营模式，另一方面则有助于学院倾听学生意见，提升教育质量。

全国学生联合会在大学和大型学院中具有重要地位，能够代表其学生成员在学校层面和全国范围内进行游说事务。虽然学生联合会为学生理事提供培训，但需注意的是，其对继续教育学院与大学的影响力存在差异。

英国教育标准局（Ofsted）实施了一套严谨的督导机制，旨在通过督学与学生进行面对面的交流，深入了解学生的学习状况，并据此收集详尽的资料。此外，为了更全面地收集学生的反馈，该局还提供了名为"学习者观点"（Learner View）的在线学生调查问卷，以此作为面对面交流或在线交流的辅助手段。一旦学院接到督导通知，应即刻通知所有学生，并组织他们积极参与问卷的填写。（Ofsted 2021）

英国高等教育质量保证机构（QAA）负责监管英国继续教育学院的高等教育质量。该机构深知学生参与审查过程的重要性，不仅在访谈中认真保证学生参与，还将其视为学院或大学质量体系不可或缺的一部分。在高等教育质量保证机构的评估过程中，学生反馈是关键的参考依据之一，评估小组也包含学生成员（QAA 2018a，b）。高等教育质量保证机构遵循一系列质量准则（Quality Codes），并据此对大学和学院进行评估。其中，《学生参与质量准则》（Quality Code for Student Engagement）明确了高等教育机构在学生参与方面的期望和要求。具体规定如下：

> 以伙伴身份参与管理是高等教育学生参与的重要理念。在构建学生学习体验的过程中，学生与教育工作者均扮演着对彼此都至关重要的角色。借此，双方能够认识并重视学生在质量提升和保障中所产生的影响（QAA 2018a，b，5）

斯科特（Scott 2018）在研究中表明，将引导大学生参与质量提升流程的方法直接用于继续教育学院中接受高等教育的学生身上，可能无法达到预期的成效。这些学生可能以另一种眼光来评价导师和管理人员。因此，教师和管理人员应特别强调，这些学生不仅是教育服务的接受者，更是教育过程的共同参与者，不应仅仅将其视为教育服务的消费者。

招生与扩大教育参与率计划

若继续教育学院决定提供与多数学院相同的高等教育课程，并计划收取超过 6250 英镑的课程费用，那么根据英国学生事务办公室的规定，该学院必须制订一份招生与扩大教育参与率计划。此计划须每年编制，其核心内容是明确阐述以何比例将收取的超额学费用于扩大高等教育的参与率，并为来自弱势家庭背景的学生提供资助。在制订此计划的过程中，学院或大学必须征询其学生对于这笔经费使用方案的意见。（OfS 2021b）

参与课程设计

继续教育学院的学生在课程设计方面的参与度普遍较低，这主要是因为尽管学生在一定知识范围内享有一定的选择权，但课程的主体内容大多已经由考试机构和专业协会预先设定了。在这种情况下，学生将主要学习英国商业与技术教育委员会（BTEC）所制定的课程。

自 20 世纪初，杜威便积极提倡民主的进步主义教育理念（Dewey 1960）。然而，在高等教育领域，学生参与课程和评估设计的实践直至 20 世纪 60 年代才逐渐兴起。因此，当继续教育学院与负责学生成绩认证的大学共同规划高等教育课程时，大学方面通常期望学院能够咨询那些在大学或继续教育学院修读过类似课程的学生，以了解他们对课程内容的看法和建议。

根据博维尔（Bovill 2013）的论述，高等教育的学生可以被纳入课程设计、学习成果以及评估标准的修订过程中。此外，博维尔、库克 - 萨瑟和费尔滕（Bovill, Cook-Sather and Felten 2011）的研究进一步指出，学习者的参与有助于深化学生和教师对学习内容的理解，同时提高他们的投入度、积极性和专注度。此外，这种参与也有助于改变师生之间的关系，使之更加类似于同事之间的合作与互动。

师生联手的学术研究活动

希利、弗林特和哈林顿（Healey, Flint, and Harrington 2014）在研究中倡导，在高等教育领域，学生不仅应参与教学质量的提升和课程设计，更应积极参与教育教学的学术活动及学科导向的学术探索。他们强调，学生与导师应共同探索最为高效的学习策略，并尝试各种教学方法与技巧。通过让学生深入参与学科研究与探索，可以将其参与度提升至新的高度，实现师生之间的平等合作与共同研究。这种模式类似于让学生担任研究助理，通过实践学习，帮助学生获得卓越的技能。

技术理性的教育改革

在上述诸多领域，学生的参与程度相对较低，亟须大力提升其技能，充实知识储备。然而，我们所分析的诸多评估手段说明，评估方法当前仅仅是提升教育质量的话语体系中的一部分，而非一种确凿的存在方式。

　　菲尔丁也提出，教育改革中的技术理性方法语言生硬且冗长，始终强调"绩效"的核心地位，借助"成效""结果"这一类并不可靠的概念逐渐渗透到了英国教育政策的话语体系中。尽管我们很难准确发现任何社会政策对实践的具体影响，但本书三位作者的案例研究仍为我们提供了视角，洞察技术理性的督导制度对当前继续教育领导实践造成的潜在负面影响。

　　埃利奥特（Elliott 2001）与科菲尔德（Coffield 2008）对以产出为主导的政策及其"自上而下"的实施方式在教育实践中所引发的负面影响进行了深入研究。尽管现有的制度框架，诸如英国教育标准局、英国高等教育质量保证机构、学生事务办公室以及教育和技能资助机构等，已被广泛视为评估领导与管理效能的关键参照体系，但科菲尔德与埃利奥特均明确指出，从制定标准到实现优质教育实践的转变，仍需要经历一个漫长且复杂的过程。邓恩（Dunne 2005，23）进一步揭示了技术理性方法在教育评估与改进过程中存在的根本性缺陷，这引发了对于教育工作者如何从基础出发，构建和完善教育实践体系的深入思考。他详细阐述了实践在以下几个方面的发展状况：

　　　　这是一项内容复杂、持续进行的活动与任务集合，随着时间的推移，在众人的共同努力下，不断积累并向前发展。对于其内部成员，即真正的从业者而言，这项活动始终保持着强大的生命力。为了保持这种活力，成员们必须坚守初心，富有创新精神，勇于开拓和发展——即使这意味着在初期可能需要接受具有戏剧性甚至颠覆性的变革。卓越的品质始终是这类实践的核心，而这些品质的标准也需要不断地演变、被重新定义，以激励那些已经加入或正在寻求加入这个领域的人积极参与其中。

　　在英格兰，依据技术合理性的教育评估要求，学校必须向督学提交详尽的数据资料。这种做法的初衷是，通过细致审查这些数据，可以自然而然地找到解决问题的方案。然而，这一观点实际上建立在两个基本假设之上：首先，所收集的数据必须具有足够的相关性；其次，督学在提出问题时，已经全面考虑教育实践的复杂程度。

萨拉森（Sarason）于1990年提出，在高度复杂的政治环境和教育改革过程中，我们选择关注什么与忽略什么都是至关重要的。因此，在教育环境中做出决策时，我们必须对形势和问题的复杂性保持高度敏感。萨拉森进一步强调，教育改革往往不可避免地陷入一种失败的循环，即改革措施越多，实际效果反而越少，甚至可能导致情况进一步恶化。在这种情境下，表面上看似在不断推进的新措施和行动，实际上可能只是一种伪装的变革，缺乏实质性的进展。

明显可以看到的是，继续教育领域的领导者们已经普遍认同了这一观点。本书引用萨拉森（Sarason 1990）、科菲尔德（Coffield 2011）和诺尔斯（Knowles 1978）的著作，旨在提醒读者，在评估教育改革的影响时，应当寻找其他途径，这些途径不仅要能清晰地认识问题的复杂程度，更要能推动教育事业的真正改革和提升。忽视这些途径可能会导致严重的后果和代价。因此，我们需要警惕教育改革过程中可能出现的避重就轻和对问题熟视无睹的现象。

技术理性带来的挑战在于：倾向于将政策与方法的影响视作孤立的事件或结果，而未能全面理解这些影响实际上是在过程中逐渐显现的，且部分影响可能出人意料。此外，实践过程的多变性和环境的复杂性也增加了分析的难度。在继续教育领域，很难确切地追踪各种研究（通常由外部人员进行）如何具体影响了政策的制定，以及为何这些影响能使政策更加合理和有据可循。同样，尽管可以观察到学校外部群体［例如地方企业合作伙伴关系（LEP）和英国工业联合会（CBI）等］对政策的影响，但几乎无法看到这些政策如何切实地影响了负责实施的教育领导者和教师。事实上，2021年《技能白皮书》的五章内容，虽然将雇主参与职业教育作为核心主题贯穿全书，但其出发点仅是假设雇主与学校需要开展更多合作，而未能充分认可学徒制改革、教学过程和课程设计已经落实的大量工作。

其他视角

在继续教育学院的管理中，可以有很多创新路径。以桑德兰大学卓越教师培训中心（SUNCETT）为例，该中心推行的"教育与培训基金会从业者研究项目"逐渐证明，对于提升教学和教育质量的实证科学研究路径，已经出现了很多批评的声音。SUNCETT 团队深入分析了一线教育者基于实践的教育质量提升研究，他们认为，这一项目的实施方式有助于纠正教育领域中自上而下、外行指导内行、新自由主义和实证主义元叙事（positivist meta-narrative）所带来的问题（Gregson et al. 2015）。格雷格森强调，一线教育者和那些备受瞩目的研究（如英国教育部日益频繁使用的随机对照试验）在教育实践方面应享有同等话语权。她认为，这是因为教育工作者的研究具有得天独厚的优势，能够认真对待整个教育环境、推崇知识，并在教学实践领域中充分检验和推敲来自研究和理论的想法。

换言之，如果民主是教育的一个关键成分（基于杜威的观点），则其在课程设计与引导中亦应发挥至关重要的作用：

> 我们生活的时代问题重重：民主已经被新自由消费主义令人作呕的贪婪吞噬，人人都想轻松获取源源不断的财富，付出的代价是视野狭窄、慷慨之心难继、同情心不存，民主赋予人的力量的光辉也逐渐黯淡。

因此，建议学生、雇主以及教育从业者这三方主体共同为职业教育的质量提升与效率增强提出建设性意见是合情合理的。

以民主促成果

应该承认，我们不应将技术理性方法与实用主义认识论方法置于对立面，让二者看似水火不容。对于致力于改善继续教育环境的领导者而言，他们应当在现有的技术理性框架内寻找机会，以促进教育质量的提升。西尔弗（Silver 2003）指出，定义"教育成效"并使用当代技术理性方法来衡量英国教育所受的影响是一项富有挑战性的任务。此外，他对于要求院校在短期内收集这些成效"硬指标"的做法也表达了保留意见。西尔弗强调，要做出切实可靠且权威的教育成效评价，必须找到实际依据来评估"学科、项目或其他活动的进展程度，以及它们实现初衷的方式和达成的目标"（Silver 2003，2）。因此，从这一角度出发，评价教育成效需要同时关注结果和过程两个方面。

西尔弗也认为，在教育成效（或其他社会现象）评估中，如同测量"轨道长度"和"每亩产量"一样使用"硬"指标是存在显著缺陷的，甚至在某种程度上显得荒诞不经，但他坚决反对完全否定"教育成效涉及各方利益"的观点，并反对对成效研究的无理指责，以及由此产生的后续问题。

尽管如此，西尔弗（Silver 2003）也认识到，在某些特定情况下，鉴于需要对结果进行审查测试的既定框架是定量的，敏感性评价（sensitive evaluation）方法无法开展。但他依然坚持，即使在只能依靠短期内收集的"硬性标准"来认可时，依然可以尝试评价一下教育影响，哪怕"只是建议如何更深入地分析当前问题、了解其进展和显而易见的情况，并为后续工作提供持续的指导"（Silver 2003，3）。借助杜威的认识论，我们可以进一步探讨"业务"在其中的角色和重要性，以及教育评价如何产生深远影响。比耶斯塔（Biesta 2007）和伯布勒斯则从杜威的角度出发，提供了一种与技术理性世界观截然不同的对知识和现实的思考方式，这种方式更加侧重于实践经验。借助杜威实用主义哲学清晰且生动的语言，比耶斯塔和伯布勒斯（Biesta and Burbules 2003）阐述了杜威在著作中提出的建议，即如何在进行教育研究时，既将人置于核心地位，又避免实证主义、后实证主义和后现代主义等极端化的倾向。

要改变方法的本质，就必须改变对成效的理解和话语表达方式。这种新型的专制思想可以称为唯成效论，其中充斥着自以为是的想法和自命不凡的态度，需要我们以更加深刻的态度去审视（Fielding 2003，294）。

从现实角度来看，技术理性方法的教育改革评价并没有对继续教育领导能力的提升起到帮助作用。若评价系统强迫人们在一知半解的情况下假扮专家，必然导致效率低下、事倍功半。在实际工作中，这种做法可能导致一种假象，即似乎无须再征求各方意见，问题已经得到了透彻了解，解决方案触手可及，相关依据的事实也早已被圈定。昂温（Unwin 2009）指出，采用"硬指标"的测量方式往往会带来粗糙不实的结果，大量样本可能抹掉错误，并遮掩重要的正负面案例。此外，即使采用这种方式进行测量，教育改革或干预措施的影响也需要长时间才能显现。

技术理性路径的替代方案

邓恩（Dunne 2005，51）的观点在一定程度上获得了支持。他警示我们，尽管理论观点与教育实践看似和谐统一，实则存在潜在问题。邓恩质疑了那种依赖"战略规划"、"高效管理"和"充足资源"等"实际考虑"因素的语言表述和技术理性方法，认为它们未能充分培养我们在教育问题上的判断力。他指出，政策文件阐述的目标和价值观与文件内容描述的现实情况经常存在偏差。他强调了政治或教育观点与教育实践落实之间的落差。邓恩特别指出，在复杂多变的教育环境中做决策时，必须重视周边因素的决定性作用，这关乎教育伦理，因为决策的实施将影响学习者和整个社会的利益。

与此相呼应，比耶斯塔（Biesta 2010）也强调了教育的"主体化"特性，即教育应为社会服务，并体现人的良善属性。他支持挑战那些根深蒂固的错误观点。另外，森尼特（Sennett 2010）对评价和提升教育实践的方式提出了严厉的批评，因为这些方式往往依赖于硬性规定的标准和微观管理手段，目的是让所有人俯首帖耳。森尼特认为，只有在多方协作、汇聚力量、发现问题、解决问题和批判反思的环境中，良好的判断力才能得到推动和发展。

萨拉森（Sarason 1996）明确指出，当个体被迫置身于权力关系中，无奈放弃被视作无意义的自身经验，同时又必须伪装自己，任由真实情况被肆意扭曲，在这种情况之下，对既定的事实认知和工作方式进行挑战将变得极为艰难。

本书第八章认为，继续教育领域内，权力关系僵硬，几如锁死，其工作方式与结构因立法历史而故步自封。尽管白皮书提出了若干新观点，但对于学徒制的建议仍然陈旧，政府亦未能借此契机对《奥加尔审查报告》进行全面审视。当前，推动决策落实及变革的各项措施与条件尚待成熟。亨特指出，变革的起点应建立在个人的实践经验与知识之上，而非单纯依赖理论知识。由此可见，这些教育管理者正运用实践知识或实践智慧来应对长期存在的问题，或者如杜威（Dewey 1933）所述，来努力解决实践中的困扰。

卡尔（Carr 2005，12）明确指出，教育管理情境往往复杂多变，且缺乏明确的最佳方案。因此，决策者需要保持"勇于尝试、接受错误、深入反思及不断改进"的学习态度。与此同时，格雷格森与希利尔（Gregson and Hillier 2015，128）亦强调学习具有社会性，提倡教育者和学习者与他人协作，分享观点，共同构建知识体系。科菲尔德（Coffield 2010，9）进一步指出，在卓越的学院中，学习不仅是高层管理者的职责，更是学院的核心组织原则，涵盖个人、团队和组织各个层面。昂温（Unwin 2004，135）认为，这种理念对于构建"成长型"机构至关重要，特别是在出现过错误并要从中汲取教训的情况下。因此，领导者应致力于营造开放包容的环境，鼓励自由表达和试错精神。然而，在继续教育领域面临日益激烈的竞争和挑战时，管理者可能会感到焦虑困惑。

理解问题的复杂性

费斯米尔（Fesmire 2015，119）在对比笛卡儿与杜威的伦理方法时指出，尽管不同的道德伦理观点之间存在理论差异，但它们都认同一个核心观点：多数理论均能找到道德反思的正确路径。杜威在 1930 年的论文中提出了二元论，与一元论所追求的道德生活单一原则相对立。他强调，道德行为涉及三个独立变量：道德经验、个人目标以及社会认可（职责、美德和善）。二元论倡导从多元视角审视事物。要理解这些视角，就要知道这些视角提出的背景：为了从整体上评价教学机构，继续教育和技能背景下的督导机构和监管机构出台了一系列标准。斯科特（Scott 1998，6）强调，当形势难以预料时，实践经验、努力尝试和随机应变就变得非常重要。杜威的实用主义认识论主张从多元角度看待世界。然而，随着级别的提升，管理者们专业知识的某些缺陷就会暴露，造成类似于中国古代哲学家庄子所描述的"一孔之见"（Sennett 2010）。这意味着，当中层管理者专注于职业教育学院某一特定领域时，很难将自身处境与整个机构的宏观全局相结合。因此，高级领导未能在工作中广泛应用杜威的宽视角方法，这已成为明显的事实。

杜威的二元主义观点认为，要为善或美德划定基线，不能由单一的原则、法律或概念来定义，而是需要承认事物的多元性和复杂性。他在 1916 年提出了反对技术理性的观察法，将道德伦理视为一种帮助他人的实用艺术。他认为，想象是通过幼年时期的玩耍形成的，使人们能够通过隐喻的方式理解世界。他认为，对于继续教育的监督者而言，需要具备出色的判断力，方能考虑周全。在教育领域的观念中，要做理性决策并非什么新鲜提法。亚里士多德认为美德必须是"最终目的"，不是指肉眼可见、利于自我的结局，而是指在实践中基于实践智慧采取行动，发挥才智，为全社会谋福祉。然而，许多参与本研究的高等教育领域领导者（有些还在同一教学机构工作），难以定义所处机构及个体的"最终目的"。由此可以看出，人都有理性判断能力这种说法站不住脚，因为他们在上述情况下做不到运用实践智慧采取明智的行动。让教育领导者确定"最终目标"或"主要目标"是难上加难的任务。2010年的《高等教育布朗审查报告》（The Browne Review in HE）以及近十年内继续教育资助机构的五次变更，使得继续教育的"最终目的"愈发模糊难辨。这导致管理人员的时间大量耗费于做表面文章，而不是为形成众人心悦诚服的教育奠定理念基础。资助款项单位收入减少，使得许多人将学校的最终目标定为保证生存，决策的出发点唯钱是举，难以做出明智的决策。然而，实践智慧的运用取决于个体在不断变化的政府政策背景下，做出有益于内部、外部及个人三者的决策。事实上，第二章和第三章所阐述的继续教育机制形式所经受的挑战，使得教育改进的路径变得更加复杂。

研究过程中有一项引人注目的发现，即领导者之间存在的"性格落差"现象（Millar et al. 2006）。这种落差主要由上级领导的强势态度造成，可能导致下属感觉待遇不公。康德主义政治理论家，如约翰·罗尔斯（John Rawls），坚信维持公正能有效地遏制偏见。但在实际情境中，特别是在继续教育机构中，这种公正性并未得到充分体现。

杜威指出，公正只有通过真实群体中的实际作为才能真正得以实现。尽管在领导层、教师和评估者之间已构建了一定的空间，用以培育群体正义的理念，但目前尚未形成领导者间的深入对话机制。普遍而言，尽管所有领导者都被要求不断反思并尝试新举措，但这并未有效增进他们对公平的追求。

杜威亦强调，在民主的工作环境中，即便出现错误决策，对个人的影响也是有限的，反而有助于提升协作与学习能力。然而，对于领导者，特别是在继续教育机构中的领导者而言，关键在于如何将个体的潜能转化为实际的人类事业成果。这需要领导者做出明智的决策，以支持实现这一目标的具体架构。

构建渐进式领导文化

自 2015 年成立以来，继续教育领导力信托基金会已发表多篇关于培养高级教育领导力的文章（共计六篇）。2019 年，露丝·西尔弗女爵士（Dame Ruth Silver）在一份论文中阐述了自己的观点：

> 行业的引领者应将工作重心聚焦于本土体系，深刻认识到自身在当地社群中所扮演的关键角色，并聚焦于以他们为支柱的各种机构网络。政府应进一步思考如何支持此类协作。同时，政府需要深入理解继续教育领域领导者所面临的挑战，明确识别可能导致领导者孤立无助、士气低落的各项因素，进而提出切实可行的建议，改善这一现状。

科菲尔德（Coffield 2011，11）也做出了类似的分析：

> 要推动职业教育成为一个学习领域，文化的变革至关重要。这一过程不仅需要深入剖析失败原因，更应为领导者提供足够的探索空间和寻求支持的机会。在此过程中，重要的挑战在于使职业教育成为"自我完善"的领域。这不仅是教育领域的重要任务，更是全球政治使命的有机组成部分，要求各方高度重视职业教育及其领导者。近期发布的《奥加尔审查报告》明确指出，为纠正历届政府对职业教育的忽视，必须重新资助并改革继续教育。过去的错误导致该领域数十年间被无视，在学习者、雇主和公众心目中的地位与声誉始终低迷。

上述话语体现了对杜威、温格等理论观点的共鸣，但我们必须深入探究这些理论在实际工作中有何具体含义，以及如何打破束缚学院管理行为模式的技术理性框架。尽管已有对学院培训的调查研究，然而教育与培训基金会（ETF）、英国学院协会（AOC）及其他相关机构并未充分关注领导力培训的实际影响。

根据麦克卢尔（Maclure 2010，33）的观点，中层领导在学院组织运行中的重要性日益凸显。他们亦是未来的领导者，然而目前并未得到足够的投入和关注。

文章中，作者详细分析了近年来政府对高等教育看法的变迁，首先梳理了市场化的冲击、对财务框架（如继续教育专员实施问责）日益增长的重视以及奥加尔提出的"柔性"方法的影响。尽管已经提出一些解决策略，但这些策略均侧重于在先前提及的技术理性路线内进行调整，而非为领导者提供反思的架构。科菲尔德（Coffield 2014）倡导积极的协作，将学院视为个人（教职员工和学生）学习的场所。比利特（Billett 2001）认为，无论在此类场所还是在其他工作场所进行的学习，都很重要。首先，这确保学习是一种社会成员的实践活动，而非额外的特权。在任何教育机构中，只要有成员聚集、沟通就会产生学习，因此在这样的场所，"刻意进行学习"的概念就站不住脚。其次，他主张，工作场所是最司空见惯的学习之地，因此围绕它培育教学法是最合理的。然而，前面已经讲过，即使应对了持续的政策变化，也并不能使教育领导实践得到提升。

菲尔丁（Fielding 2003，292）提出，一切抽象概念在本质上都与生存息息相关，这种相关性深刻影响着我们的世界观、理解力以及参与各类事务和日常工作的方式。因此，在教育实践中，将理想化的观念转化为实践智慧至关重要。他进一步指出，在教育政策及其努力方向的描述中，表达方式的重要性不容忽视，因为它直接关系到我们如何识别和区分教育变革进展的不同层次。尤为关键的是，若语言表达未发生变化，则意味着在追求"社会公正"和"更美好社会"的概念框架中，相同的权力和控制力仍在持续发挥作用。菲尔丁质疑目前评估英国教育"成效"的方法，并指出这些方法背后的本体论和认识论根源可追溯至 17 世纪和 18 世纪的机械论世界观。此外，他还揭示了教育改革中技术理性的方法与"愚昧无知"且"虚张声势"的语言形式——追求"绩效"的语言——正在借助"成效"和产出的概念逐步融入英国教育政策的话语体系。

　　尽管有人认为社会政策对实践的影响很难搞清楚，但案例研究依然能够揭示出督导制度的某些政策对目前继续教育实践所产生的明显负面效应。这些研究成果在第八章中有详尽的论述。同时，研究还深入探讨了评判继续教育实践及其改进的最佳主体。此外，研究建议，学生应与雇主共同参与教育设计，但是应该以全新的方式进行，并不应拘泥于问卷调查和技能计划等途径。值得注意的是，这一问题亦涉及政治维度，因为政治对教育改革造成了一定程度的负面影响，例如，某位首相可能下令废除英国教育标准局测量教育机构成功与否的评级系统。从传统技术理性的视角来看，大量数据的堆砌似乎使问题解决方案一目了然。其实不然，这一过程须满足两个前提条件：首先，所收集的数据必须具有高度相关性；其次，所考虑的问题必须全面覆盖教育实践的复杂性。萨拉森（Sarason 1996）强调，在教育改革过程中，政治环境高度紧张，权力关系错综复杂，我们选择关注什么、忽视什么变得尤为重要。因此，在做出判断时，我们必须对背景信息和问题的复杂性有深入的了解。萨拉森（Sarason 1996）的研究并非空洞的悲观论调，而是提醒我们，在教育改革中，要警惕避重就轻和对明摆着的问题视而不见的风险，以及对各种关系处理不慎可能带来的后果和损失。

结论

　　本研究并未提议经过修订的或者更为可取的审查或督导方法。继续教育的领导者和管理者所面对的挑战，正是来源于当前的技术理性政策。

　　研究资料显示，在诸多层面上，上级部门的监督审查尚存在显著缺陷，许多情况下，给院校提供的"支持"在很多场合上并没有太多切实帮助，不能形成合力，甚至算不上诚恳。本研究深入剖析了督导、拨款及监管体系中令人不满的现实，并据此提出，为推动继续教育行业的持续健康发展，必须对现有评价和测评机制进行必要的调整和完善，并使之充分体现在各级政府部门对继续教育价值的评估中。同时，研究结果还明确指出，当前采用的评估方式对从业人员产生了不可忽视的重大影响，并已造成了相当大的损失。

研究结果表明，要使学生顺利完成学业，同时避免给管理者带来过大的压力，进而实现财务成本的节约，应该采取更加务实、民主的手段进行教育评价、优化教学方法和提升教育领导水平。此外，相较于技术理性世界观所推崇的自上而下的方法，其他一些解决策略可能更具实效性。修订1992年《继续教育和高等教育法》，重新将重心放置在课程内容上，或许能有效减轻当前继续教育中层管理者的负担。针对以上观点及更多值得探讨的解决方案，我们将在第八章进行深入探讨和分析。

参考文献

Alexander, R.J., ed. 2010. *Children, their world, their education. Final report of the Cambridge primary review*. London: Routledge.

AOC. 2020. https://www.aoc.co.uk/funding-and-corporate-services/governance/governors/induction-governors/the-national-framework.html.

Biesta, G. 2007. Why 'What Works' won't work: evidence-based practice and democratic deficit in educational research. *Educational Theory* 57 (1): 1–22.

———. 2010. *Good Education in an Age of Measurement*. London: Paradigm Publishers.

Biesta, G., and Burbles, N. 2003. Why 'what works' still won't work: from evidence-based education to value-based education. *Studies in Philosophy and Education* 29 (5): 491–503. https://nearymike.wordpress.com/ May 2022.

Billett, S. 2001. Learning through work: Workplace affordances and individual engagement. *Journal of Workplace Learning* 13 (5): 209–214.

Bovill, C., A. Cook-Sather, and P. Felten. 2011. Students as co-creators of teaching approaches, course design and curricula: Implications for academic developers. *International Journal for Academic Development* 16 (2): 133–145.

Bovill, C. 2013. Students and staff co-creating curricula: An example of good practice in higher education? In *The student engagement handbook: Practice in higher education*, ed. E. Dunne and D. Owen, 461–476. Bingley: Emerald Publishing.

Browne Report. 2010. Securing a sustainable future for higher education.

Carr, W. (ed). 2005. *Philosophy of Education*. Abingdon: Routledge-Falmer.

Cass, M., and J. Stroud. 2009. *The role of the staff governor as a member of a college governing body*. Learning and Skills Improvement Service.

Clandinnin, D., and F. Connelly. 2000. *Narrative enquiry: Experience and story in qualitative research*. San Francisco: Jossey-Bass.

Coffield, F. 2008. *Just suppose teaching and learning became the first priority....* London: Learning and Skills Network.

———. 2010. *Yes, but what has Semmelweis to do with my professional development as a tutor?* London: Learning and Skills Network.

———. 2011. *Pedagogy, power and change in vocational education.* London: Institute of Education, University of London.

———. (ed). 2014. *Beyond Bulimic Learning.* London: London University Institute of Education (IOE).

Dewey, J. 1904. The relation of theory to practice in education. In *The third yearbook of the National Society for the scientific study of education. Part I*, ed. C.A. McMurry, 9–30. Chicago, IL: The University of Chicago Press.

———. 1916. *Democracy and education: An introduction to the philosophy of Education.* New York: The Macmillan Company.

———. 1933. *How we think: A restatement of the relation of reflective thinking to the educative process.* Chicago: Henry Regnery.

Department for Education. 2015. *Instant student feedback on teacher practices, Research on student evaluation practices in English colleges and a trial of new approaches.* Department for Education.

———. 2019. *Further education corporations and sixth form colleges governance guide.* Department for Education.

———. 2020. *FE Choices learner satisfaction survey guidance.* Department for Education.

Dunne, J. 2005. What's the good of education? In *Reader in Philosophy of Education*, ed. W. Carr. London: Routledge.

Elliott, J. 2001. Making educational evaluation more educational. *British Educational Research Journal* 7 (25): 555–574.

Elliot, L., and S. Machin. 2018. *Social mobility and its enemies.* London: Penguin.

Fesmire, S. 2015. *Dewey.* London: Routledge Press.

Fielding, M. 2003. The impact of impact. *Cambridge Journal of Education* 33 (2): 289–295. London: Routledge.

Frampton, S., and E. Playfair. 2019. Why student engagement in colleges is vital. *Times Education Supplement.*

Gregson, M., and Y. Hillier. 2015. *Reflective Teaching in Further, Adult and Vocational Education (4th edition).* London: Bloomsbury.

Healey, M., A. Flint, and K. Harrington. 2014. *Engagement through partnership: Students as partners in learning and teaching in higher education.* The Higher Education Academy.

Knowles, M. 1978. *The adult learner: A neglected species.* Houston: Gulf Publishing.

Lambert, M.J. 2013. Outcome in psychotherapy: The past and important advances. *Psychotherapy* 50 (1): 42–51.

Maclure, M. 2010. Arguing for yourself: identity as an organising principle in teachers' jobs and lives. *British Educational Research Journal* 19 (4): 311–322.

Millar, R., Leach, J., Osborne, J. and Ratcliffe, M. 2006. *Improving Subject Teaching: Lessons from Research in Science Education*. London: Routledge.

National Union of Students Connect. 2021. *About student rep systems*. https://www.nusconnect.org.uk/the-student-engagement-partnership-tsep/supporting-course-reps/about-student-rep-systems.

Office for Students. 2021a. *National student survey*. https://www.officeforstudents.org.uk/advice-and-guidance/student-information-and-data/national-student-survey-nss/.

————. 2021b. *Access and participation plans*. https://www.officeforstudents.org.uk/advice-and-guidance/promoting-equal-opportunities/access-and-participation-plans.

Ofsted. 2021. *Further education and skills handbook*. Ofsted.

Quality Assurance Agency. 2018a. *Students. Quality assurance agency*. https://www.qaa.ac.uk/about-us/who-we-work-with/students.

————. 2018b. *UK quality code for higher education advice and guidance student engagement*. QAA.

Sarason, S.B. 1990. *The predictable failure of education reform*. San Francisco: Jossey Bass.

Sarason, S. B. 1996. *The predictable failure of education Reform*.

Scott, J. 1998. *Seeing like a state: How certain schemes to improve the human condition have failed*. New Haven: Yale University Press.

Scott, E. 2018. *Student involvement in the quality assurance processes in HE in FE: Perceptions of students, teachers and managers*, a thesis submitted in partial fulfilment of the requirements of the institute of education, University of London for the degree of Doctor in Education.

————. 2010. *Together*. London: Penguin.

————. 2012. *Together*. London: Penguin.

Silver, H. 2003. Re-viewing impact. *Cambridge Journal of Education* 33: 2.

Smith, S.R. 2007. Applying theory to practice: Issues for critical reflection. *Journal of Social Policy* 38 (1): 177–194.

The University and College Union. 2010. *The impact of student satisfaction surveys on staff in HE and FE institutions.* https://www.ucu.org.uk/brief_satissurveys.

Unwin, L. 2009. *Sensuality, sustainability and social justice vocational education in changing times. Inaugural lecture.* London: Institute of Education.

第六章 权力归属？一线教育工作者带来的启发

引言

对高等技能的需求

近些年来，对高等资格证书所涉技能的需求日益增长。根据英国大学联盟（Universities UK，UUK）于 2015 年发布的一项研究报告，基于截至 2022 年的预测数据，英国可能会面临"毕业生相对于用人需求量供应不足"的困境，同时存在"无法满足对高级资格员工的需求"的问题（UUK 2015，1）。此外，黑尔（Hale）在 2018 年的报道中也指出了类似的问题：由于"自动化、人工智能和数字技术"的快速发展，对 4 级（Level 4）及以上资格的需求不断攀升。他的后续报道再次强调了这一点，指出雇主们担忧未来"4 级和 5 级资格员工技能短缺"。值得注意的是，4 级资格涵盖了高级实习和高级国家证书，而基础学位和高级国家文凭则主要广泛地涉及 5 级（Level 5）资格课程（GOV.UK 2021a，b；Quality Assurance Agency for Higher Education，2014）。

继英国大学联盟研究报告之后，2019 年发布的《奥加尔审查报告》提出了一个建议，即为应对导致英国生产能力较弱的结构性技能短缺问题，有必要构建一个更加稳固的"副学位"技术与职业教育体系，以支撑英国不够强大的生产能力（GOV.UK 2019，9）。近期，政府发布的《技能白皮书》进一步强调了高等技术层面存在"重大技能缺口"的问题（GOV.UK 2021a，b，6）。

本章着重强调继续教育学院应对当前挑战能够起到的关键作用。事实上，英国的大部分继续教育学院均采取双轨道运作模式，不仅提供高等教育课程、从基础到高级水平的各类课程，还包括众多"技术和专业"领域的课程（Association of Colleges 2021; Learning and Skills Improvement Service 2013; Education and Training Foundation 2020; Parry et al. 2012; Higher Education Funding Council for England 2006）。值得一提的是，许多有志于接受高等教育的学生选择在英国的继续教育学院深造。据普莱费尔（Playfair 2021）的报告，相较于第六学级学院，16~18岁的年轻人更倾向于选择继续教育学院作为他们的求学之地。在高级技术技能培训领域，普莱费尔进一步指出，继续教育学院在全国范围内招收接受 3 级（Level 3）职业教育的学生最多，部分接受 1 级（Level 1）和 2 级（Level 2）教育的学生也将升至 3 级教育阶段。

推进公平招生目标

继续教育学院为来自不同社会背景的学生搭建了一个获取高级技能的桥梁，进而为实现公平招生的目标提供了有力支撑。教育与培训基金会（Education and Training Foundation）2017 年的数据显示，如今，众多来自弱势背景的学生得以在学院中接受高等教育，这在过去是难以想象的。这些学院不仅为更多来自弱势社会背景的学生敞开了 3 级教育课程的大门，更显示出在扩大招生规模方面的巨大潜力。本书作者注意到，继续教育学院已经成为推动高校扩大生源的关键力量（Baldwin et al. 2020，111）。雷文（Raven 2021b，79）也通过实例指出，继续教育学院的生源相较于第六学级学院的生源，更可能来自教育弱势地区。此外，诺里斯和弗兰西斯（Norris and Francis 2014）的观点是，大多数继续教育学院的学生都属于社会经济地位最低的三类群体。而普莱费尔

（Playfair 2021）则观察到，在 3 级阶段，弱势背景学生中有高达 56%
的人选择了在继续教育学院就读。

继续教育学院的潜力

近来，政策制定者逐渐认识到继续教育学院在提升弱势和边缘群
体高级技能方面的巨大潜力。据《技能白皮书》（GOV.UK 2021 a，b，
50）所述，继续教育教学机构的重要职责之一是为学生提供获取优质工
作所需的高级技术技能。从扩大教育覆盖面的考虑出发，大学连通项
目（Uni Connect）的新阶段（自 2021 年开始）强调了认可并支持从继
续教育学院升入高等教育的重要性。该项目是由英国政府资助的拓展计
划，涵盖了全英格兰的"大学、学院和其他地方合作伙伴"组成的联
盟（OfS 2021）。鲍德温等人（Baldwin et al. 2020，115）将大学连通项
目视为继续教育学院改善入学公平状况的契机。此外，继续教育学院也
被视为政府在教育公平议程中的关键参与者。尽管这一议程并非专门针
对扩大教育参与率的倡议，但其宗旨在于确保英国各地区的年轻人都
能接受高质量的教育和培训（Anon 2020；Hughes 2020；UK Parliament
2020；Raven forthcoming）。这一目标与继续教育学院长期以来在社群
中扮演的角色高度契合。希尔（Hill 2015，1）指出，学院服务的许多
社群——同时也是其生源区——都位于贫困地区。

近期情况

在深入研讨高等教育公平准入的问题时，我们发现继续教育学院
尚未得到充分的关注。雷文（Raven forthcoming）的研究已详尽分析
了继续教育学院学生高等教育入学率低于第六级学生的原因（Bowl
2012；Smith et al. 2015；Tazzyman et al. 2018）。实际上，比奇和奥
尼尔（Beech and O'Neill，引自 Davy 2016）的研究提出，有 56% 的
第六级学生会继续接受高等教育，而在继续教育学院，这一比例仅为

17%。本书的作者近期在一系列研究中深入探讨了这些现象背后的原因。以下我们将综合这些研究成果，同时结合部分尚未发表的研究发现和其他研究者的观点，以期更全面地了解并推动高等教育公平准入的问题。

当前职业教育升入高等教育的趋势

就业的诱惑

全国合作外展项目（即大学连通项目的前身，OfS 2019a，b）所公布的报告揭示，越来越多继续教育学院的 3 级新生倾向于在完成当前学业后直接投入全职就业，而非选择继续深造或参与培训（OfS 2019a，b，80）。尽管这一趋势可能引发部分人的忧虑，但至少对于部分学生而言，这或许代表了一种积极的发展路径。在接受雷文（Raven 2018 a，145）的访谈时，合作外展项目的工作人员及继续教育领域的专家讨论了 3 级教育职业课程如何有效培养学生的就业能力和可迁移技能。他们特别强调了学生在获得商业与技术教育委员会（BTECs）证书过程中所积累的"丰富工作经验"。这些证书是基于行业需求设计的职业资格证书，广受业界认可，为学习者构建了坚实的专业基础。此外，他们还注意到商业与技术教育委员会证书课程的内容为学生提供了与雇主接触并建立联系的机会，从而增加了获得聘用的可能（Raven 2018a，145）。与此相关的是，这些受访者还谈到了 3 级教育为学生带来的广泛就业机会。

意识、理解和自信

虽然是否争取 3 级以上职业资格的选择权应交给学生自行决定，但许多研究质疑继续教育学生能在多大程度上清楚意识到他们可获得继续深造和接受高等教育的机会。加特兰和史密斯（Gartland and Smith

2015，3）的研究显示，相较于继续教育学院的学生，第六学级的学生对升入高等教育有更为充分的信息和更强的信心。然而，沃尔奇等人（Voake et al. 2013，9）指出，继续教育学院的学生了解自己高等教育前景的机会较少，同时也不太清楚高等教育的资助政策、评估方式以及所需的自主学习能力。"志在高远大曼彻斯特"研究项目（Aimhigher Greater Manchester 2009，4-5）也得出了类似的结论。该项目认为职业技术学习者，特别是非传统背景的学生，可能对高等教育的要求存在误解。这些观点与雷文（Raven 2018，143）的研究结果相吻合，他的报告称，许多已获得商业与技术教育委员会证书的学生并未意识到，职业学习和课程作业可能是高等教育课程的一个特色。

根据"志在高远大曼彻斯特"（Aimhigher Greater Manchester 2009，4）的研究成果，职业技术学习者相较于学术学习者，对于大学"招生流程"的理解程度较低。另外，根据雷文（Raven 2018，143）对一线教师的采访，商业与技术教育委员会证书的学习者可能无法享受到"与高级水平普通教育证书课程相当的咨询和支持服务"。这些学生甚至可能根本未曾听说过别人选择这条路线。一位受访者指出，部分学生并不知道，多家大学招收持有 3 级商业与技术教育委员会证书的学生入学。

此外，经过广泛研究，我们注意到部分职业技术学习者对于"获取高等教育文凭信心不足"（Raven 2018a，142）。雷文的研究中，有受访者指出，部分学生因未能获得高级水平普通教育证书（A level）而自认为不够卓越，不适合升读大学。这种现象在"志在高远大曼彻斯特"的研究中同样得到了验证（Aimhigher Greater Manchester 2009，4）。该研究深入探讨了继续教育学院学生所面临的"缺乏远大志向"和"自信心不足"的问题。研究还进一步指出，这些问题可能减弱学习者申请高等教育的积极性。

认可成就

这些疑虑需要放在整个大环境的背景中进行探讨。据雷文（Raven

2021b，81）所述，曾在继续教育学院学习的学生中，有相当一部分成功升入了高等教育阶段。史密斯等人（Smith et al. 2015，7）在研究 2008—2012 年期间的继续教育学院及第六学级学院时，提到继续教育学院毕业生进入高等教育深造的即时升学率为 34%，跟踪研究多年后，这一比例增至 48%。这与 2007/2008 学年至 2011/2012 学年期间（Department for Education 2019）的青年总体入学率（43%~49%）大致相当。值得注意的是，其中许多学生可能来自弱势背景家庭。普莱费尔（Playfair 2021）进一步强调，在 2015—2016 年，超过 1.3 万名"来自继续教育学院的弱势背景学生"成功升入大学，这一数字占到了此类背景学生升入高等教育级别学习和培训总数的 49.7%。

根据现有数据，继续教育学院在促进学生进入高等教育阶段方面取得了明显成效，其中涵盖了来自非传统招生背景的学生（Raven forthcoming）。这些成功的案例共同展现了一个关键特征，即继续教育学院所特有的双轨职能。特别值得注意的是，这一显著成就的背后，学院充分发挥了其高等教育领域的专业知识和资源优势。下文将对这些成功模式进行更为深入的剖析。在此过程中，本书借鉴了众多研究者所取得的研究成果作为参考。

行之有效的做法

集中组织的举措

此类实践可定义为跨机构或集中组织的行动。据雷文（Raven 2021b，89）所述，活动包括"高等教育宣传日"，旨在为有志于接受高等教育的学生提供学院内相关课程的信息，并创造与当前高等教育课程学生交流的机会。此外还开办"夜间开放活动"，目的是给有意愿接受 3 级教育的人士提供深造的机会，同时帮助家长了解子女升入高等教育的全过程，包括在学院继续深造。参与本书作者组织的焦点小组访谈的高等教育学生也强调，"夜间开放活动"为参会者，包括当前接受 3 级教育的学生，提供了参观学院高等教育设施的机会，活动还与这些学生深入探讨如何为他们提供帮助（Raven 2021b，89）。

在其他方面，雷文（Raven 2021c，8）对学业导师的角色进行了深入的探讨。入学时，学生会被分配到不同的导师名下，这些导师在协助学生做出选择、提供升学指引等方面功不可没。虽然有时导师工作繁重且学生人数众多导致部分学生难以与导师取得接触，但从总体上看，学业导师仍然发挥了积极的作用。

学科层面的支持

尽管有证据表明，集中组织和管理的干预措施在多种情境下均发挥了至关重要的作用，但这些研究主要聚焦于院系层级的支持，特别是授课教师所提供的支持。

升学路径

雷文所提到的各种方法中，最为显著的是提醒学生一种升学路径，即以修读 3 级课程为基础，升入高等教育。受访教师表示，其中包括"如何参与学院的高等教育课程"的指引。此外，该方案还邀请家长和监护人，向他们展示部分学生"通过在学校完成 2 级和 3 级课程，继而完成高等教育课程后的就业情况"，进一步巩固了方案的效果（Raven 2021b，90）。

另一项研究（Raven 2018b）得出了类似的结论。该研究对基于工作实践的继续教育课程进行了深入探讨，并发现该课程实现了很高的高等教育升学率。接受访谈的教师提到，他们向新生介绍了为期四年的 3 级教育课程，通过这一路径，学生能够获取更高级别的资格证书。他们还引用了"在招聘过程中安排持有高等教育文凭的学生参与"的实例。同时，参与该研究的学生也证实，在申请 3 级教育的过程中，他们获知这一升学路径可以帮助他们进入高等教育阶段学习（Raven 2018b，46）。

与此相仿，英格兰高等教育资助委员会（HEFCE 2009，97）借鉴了一所继续教育学院的实践，即教师在授课过程中积极推介学院提供的各类基础学位课程，尽管该研究未详细阐释实施细节。雷文（Raven 2019）在一项待发表的关于拓宽专业建筑领域准入的研究中采访了一些学生。当从教师处得知完成3级教育课程后可获得高等教育机会及多样的升学路径时，学生们均做出了积极回应。利特尔和康纳（Little and Connor 2005，3）亦强调了向学习者宣传多种培训途径的重要性。鲍德温等人（Baldwin et al. 2019，122）进一步指出，必须确保学生能知晓从继续教育课程过渡到高等教育课程的途径。这些研究者（Baldwin et al. 2020，120）提及，在3级教育课程启动时，课程负责人会告知学生，要在其领域取得成功，获取学士学位是不可或缺的。此外，学生及工作人员普遍认为，大部分在校生均有意申请大学深造，学生们几乎都提交了入学申请。

课程之间的关联与内容

接受雷文采访的学生讨论了学院高等教育课程教师给他们班级所做的相关讲解，教师们大体介绍了"可供学习的单元"和"不同的模块"。雷文的访谈特别强调了导师在学生学习过程中的重要作用。他们不仅负责教授高等教育课程，还能够向学生们清晰地展示3级教育课程与高等教育课程之间的衔接情况（Raven 2021b，91）。

此外，雷文的另一项研究（Raven 2018a，150）也提到了一所学院在3级教育和高等教育两个层面教学的导师。正是由于这些教师的努力，学习了部分商业与技术教育委员会证书课程的学生才取得了较高的升学率。教师们能够"为学习者提供机会，让他们了解更高层次求学过程的性质"，因此，这些学生在接受采访时对未来升入大学充满信心。

技能

多项研究提及了导师引导学生了解掌握哪些技能以获取高级阶段的成功。雷文（Raven forthcoming）的研究讨论了在作业和课堂讨论中，学生对高等教育阶段术语和概念的理解与反馈。除此之外，雷文（Raven 2021b，87）在另一项近期研究中还详细描述了导师如何指导学生熟悉学术写作和引用规范的具体做法。另一项由雷文（Raven 2018a，150）进行的研究则以实际案例为基础，展示了导师如何通过调整幻灯片播放速度来有效提升学生的笔记技能。

学业负担

近期一项研究表明，众多在职业学校接受 3 级教育的准毕业生表达了强烈的深造意愿。据雷文（Raven forthcoming）所述，学科导师的引导对于帮助学生熟悉大学学业负担至关重要，其中包括引导他们应对多样化的作业类型以及确保按时提交。这一经历不仅提升了学生的学业能力，更增强了他们应对更高层次学习要求的信心。

升入高等教育的榜样

在其他方面，多项研究注意到，教师向学生介绍了已完成同样的 3 级课程并正在攻读更高层次课程的学生的状况（Raven 2021a）。同样，雷文（Raven 2018a，150）研究的一批已完成高级职业技能课程的大学生也表示，他们之前的导师曾向他们介绍其他成功升入大学的学生，借此给予他们鼓励。

与高等教育学生和毕业生的互动

根据多个案例的观察，在 3 级教育课程学生与学院高等教育课程学生之间，教师起到了至关重要的桥梁作用（Raven 2018a，149）。这种互动为学生提供了清晰的升学路径，帮助他们了解从 2 级到 3 级教育的过渡。雷文列举了一门以实地工作为基础的专业建筑课程（Raven 2019，23），这门课为 3 级教育学生分配了高等教育"导师"，学生定期与他会面，接受他的支持和指导，并在实际工作中跟随他学习。此外，参与研究的 3 级教育学生对业内人士的介绍给予了积极反馈，这些介绍使他们明确了解了升入高等教育的途径（Raven 2019，23）。表 6.1

总结了本章讨论的各种组织措施，以及在不同学科级别实施的具体做法，包括导师负责的部分。

表 6.1　重要做法总结

集中组织的举措
● 高等教育信息日：为即将就读 3 级课程的学生及其家长 / 监护人提供关于学院高等教育课程的详细信息，并为他们提供与高等教育在读学生互动的机会，以便了解这些课程的实际情况。 ● 夜间开放活动：有意攻读 3 级教育课程的人以及当前 3 级教育学生可参观学院高等教育设施，并了解进一步深造的途径。 ● 升学导师：针对 18 岁后课程给出建议和指导，其中包括任课导师提供的建议。 ● 向刚开始 3 级教育课程的学生以及当前正在攻读该课程的学习者介绍进入高等教育阶段基于学科的升学路径，以及拥有高级技能之后他们将获得的职业机遇。 ● 对同一学科的高等教育课程内容进行指导，并展示 3 级教育课程如何与这些课程相衔接。 ● 帮助 3 级教育学生熟悉高等教育学习所需的各项技能，如论文撰写、引用规范、展示技巧以及应对学习压力等。 ● 列举先前学生成功升入更高层次课程的实例。 ● 邀请目前在学院修读高级课程的校友，与 3 级课程学生分享他们的大学经历。 ● 邀请各界嘉宾，包括与他们专业相关的行业从业者，与 3 级教育学生分享他们的职业经历和学习历程。

来源：根据雷文（Raven 2021b，93）的关键实践总结中的表 3。

讨论

任课教师的角色

本章关注任课教师在推动高等教育进程中所发挥的关键性作用。"志在高远大曼彻斯特"（Aimhigher Greater Manchester 2009，2）研究为他们的核心地位提供了一种可能的诠释。研究揭示，相较于其他专家的建议，学生更重视教师所提供的指导，这是因为"教师们具备特定学科领域的专业知识"。鲍尔（Bowl 2012）在回顾多项研究后，也得出了相似的观察结果。但这也可能源自教师与学生在规模远超中学和第六学级的教学机构中形成的紧密合作关系，以及校级服务部门可能远水不解近渴的状况。攻读高级水平普通教育证书课程的学生需学习三个课程领域，相比之下，职业课程的学生关注的学科领域仅有一个，因此他们熟悉的教师相对较少。许多职业课程的课程作业焦点更为明确，也可能促使师生双方建立更为紧密的工作关系。然而，这些仅为假设。鉴于教师在学生求学阶段中的首要角色，此领域亟待进一步研究。

此外，我们有充分的理由认为，任课教师在推动学生升学方面的支持作用越来越重要。一些研究者主张通过目标明确的课程来拓宽继续教育的招生渠道。普莱费尔（Playfair 2021）进一步强调："在将来的工作中，扩大继续教育生源的努力不应仅限于提高学生的知晓程度，更应关注课程的优化和多元化。"他认为，这种做法能基于学生的学业抱负推动他们，激励他们。

各不相同的做法

重新审视当前议题，本章分析的研究虽然凸显了教师的关键作用，但仍认为教师作用的性质和范围可能因机构而各不相同（Raven 2021b；Bowl 2012；Aimhigher Greater Manchester 2009）。雷文（Raven 2021b，95）所描述的做法被认为"远未能在本研究提及的机构中普遍推行"。此外，在早期的一项研究中，同一作者（Raven 2018a，140）注意到，在不同的教育机构中，商业与技术教育委员会证书学员的升学率存在显著差异。虽然这在一定程度上与学科组合、当地就业和高等教育升学机会的差异有关，但也可能源于教师提供的帮助和采取的具体措施的差异。在此方面，鲍德温等人（Baldwin et al. 2020，120）探讨了同一学院两个不同课程负责人的做法。其中一个期望他们的学生升入高等教育级别的学习和培训，而另一个则"不鼓励学生申请大学"，因为后者觉得学生可以通过就业获得提升。尽管第二种观点可能有其合理性，但本书仍然认为，通过高等教育学习和培训获得高级技能——无论是全日制还是非全日制，在课堂还是工作场所——至少对其部分学生来说，更能满足他们的期望。

值得推广的有效做法

在此前提下，我们可以认为，本章所探讨的推动升学的策略，特别是任课教师所采取的措施，应被更广泛地推广至整个领域。这样一来，继续教育机构便能实现近期政策讨论所赋予的技能提升任务，成为推动英国学生事务办公室扩大高等教育准入"转型变革"的动力。这种变革的目标群体主要是英国高等教育的常规目标群体（OfS 2019b）。然而，要实现这一目标，我们必须克服知识迁移的障碍（Senaratne and Amaratunga 2008）。在此方面，纳尔逊和坎贝尔（Nelson and Campbell 2017a，b，127）指出，仅仅"为学生提供更多的研究内容"，例如科研论文和研究报告，并不足以使学生获得必要的知识和能力。相反，他们认为"必须存在关键的先决条件，使教育者在遇到实际情况时能够指出问题并帮助其解决和适应"。纳尔逊和奥贝恩（Nelson and O'Beirne 2014，vi）进一步指出，这些先决条件包括教学专业人士和研究者之间的"有效互动和协作"，而亨特（Hunter 2013）则强调需要建立"实践与研究之间的双向通道"。此外，贝罗等人（Bero et al. 1998）也强调了公开讨论具体做法和提供机会在地方进行试点的重要性。

需要寻找新的路径

亨特（Hunter 2013）指出，要实现此类前提条件，教学机构中的决策者必须持开放态度，积极支持并协助教师们进行互动和尝试。在一个以目标为导向的组织和职业文化中，若其内部结构和运作流程僵化不变，就很难做到为创新性的地方实践提供"肥沃的土壤"（Nelson and Campbell 2017a，b，127），使其"生根发芽"（Standaert 1993）。为确保继续教育学院在提升技能和扩大生源范围方面充分发挥潜力，必须采用更为充实、民主的组织结构，以促进横向沟通，并赋予一线教师发展和分享优秀经验的权力。简而言之，他们需要采纳与"学习型组织"（Garvin 1993）相关的结构和思维方式。

结论

本章提出，继续教育学院不仅有可能在增加高级技能人才数量上产生重要效果，而且在提高非传统背景学生接受高等教育级别培训和教育的比例方面也带来显著影响。因此，英格兰地区的众多继续教育学院本来有望成为推动职业技能提升和扩大教育覆盖面的关键力量。然而，现有的多项证据表明，继续教育学院在这一方面的表现并不尽如人意。与第六学级学院的学生相比，修读 3 级课程的继续教育学院学生在参与高等教育和学习培训方面的积极性相对较低。

尽管有观点认为本章所描述的学院在激发学生进步方面并未取得显著成效，但我们必须指出，事实上，许多学生已经成功升入高等教育阶段。本文所提供的证据不仅揭示了学院的一系列有效实践，还强调了这些实践对学生毕业后发展的积极影响。虽然部分措施可以归因于机构的集中发起，但更多的措施则是在地方层面上得到实施，主要由任课教师推动。此外，许多课程层面的活动和行动都建立在职业教育与高等教育之间的非正式协作之上，这种协作模式以及两者间模糊的边界为学院的发展提供了坚实基础。

多方面的实例，包括本书作者多年以来收集的例子，已经充分展示了这些实践的有效性及其带来的变革。然而，令人遗憾的是，这些实践在多数情况下仍局限于特定地区，未能大面积推广。各继续教育学院之间的升学率参差不齐，差异有可能源于学院内部原因，但教学方法的不同及其实践程度的深浅更可能是其中的关键因素。因此，本章主张应在更广泛程度上认可和应用这些实践，并为一线教师提供尝试和进一步发展的平台。

要实现这一目标，单纯的研究成果分享和传播仍不够，还需要营造一个有利于优良实践分享的环境，并鼓励在小范围内进行试点。这要求我们对现有的管理理念和组织结构进行重新审视和改革。此外，支持并促进不同学科领域之间，以及学院继续教育和高等教育培养之间的横向沟通至关重要，这有助于观点和经验的传播，并赋予一线教师尝试不同方法的自主权。总体来说，需要让继续教育机构成为真正的学习机构。

经过审慎分析，我们认为，对于继续教育学院与大学之间的外部关系，本书所提出的宽泛建议同样具有参考价值。在本章所进行的研究中，众多参与调查的学生均表达了进入大学深造的强烈愿望。为了帮助他们实现这些愿望，我们将通过强化跨机构间的协作，提供必要的信息、建议与指导，并努力拓展相关机会。关于此主题的深入探讨，将在下一章中详细展开。

参考文献

Aimhigher Greater Manchester. 2009. *Exploring support for progression to higher education for young full-time vocational learners in further education colleges*. Manchester: Aimhigher Greater Manchester. https://silo.tips/download/exploring-support-for-progression-to-higher-education-for-young-full-time-vocati.

Anon. 2020. Further education will be central to our mission of levelling up the nation says Education Secretary. *FE Week*, 9 July. https://www.fenews.co.uk/fevoices/51065-further-education-will-be-central-to-our-mission-of-levelling-up-the-nation-says-education-secretary.

Association of Colleges. 2021. *General further education colleges*. https://www.aoc.co.uk/general-further-education-colleges.

Baldwin, J., N. Raven, and R. Webber-Jones. 2019. Whose job is it anyway? Developing the practice of those who support the higher education progression of further education students. In *Transformative higher education: Access, Inclusion and Lifelong Learning*, ed. S. Broadhead, J. Butcher, M. Hill, S. McKendry, N. Raven, R. Renton, B. Sanderson,

T. Ward, and .W. Williams, 111–128. London: Forum for Access and Continuing Education.

Baldwin, J., N. Raven, and R. Weber-Jones. 2020. Access 'Cinderellas': Further education colleges as engines of transformational change. In *Delivering the public good of higher education: Widening participation, place and lifelong learning*, ed. S. Broadhead, J. Butcher, E. Davison, W. Fowle, M. Hill, L. Martin, S. Mckendry, F. Norton, N. Raven, B. Sanderson, and S. Wynn Williams, 107–126. London: Forum for Access and Continuing Education.

Bero, L.A., R. Grilli, J.M. Grimshaw, E. Harvey, A.D. Oxman, and M. Thomson. 1998. Closing the gap between research and practice: An overview of systematic reviews of interventions to promote the implementation of research findings. *British Medical Journal* 317 (7156): 465–468. http://www.ncbi.nlm.nih.gov/pmc/articles/PMC1113716/.

Bowl, M. 2012. *The contribution of further education and sixth-form colleges to widening participation. A literature synthesis of the widening access, student retention and success National Programmes Archive*. York: Higher Education Academy. http://www.heacademy.ac.uk//resources/detail/WP_syntheses/Bowl.

Davy, N. 2016. 'Let's take college higher education to the next level', Times Education Supplement, 11 July 2016. https://www.tes.com/magazine/archive/lets-take-college-higher-education-next-level.

Department for Education. 2019. *Participation rates in higher education: Academic years 2006/2007–2017/2018*. https://assets.publishing.service.gov.uk/government/uploads/system/uploads/attachment_data/file/843542/Publication_HEIPR1718.pdf.

Education and Training Foundation. 2017. *College Based Higher Education*. https://www.et-foundation.co.uk/wp-content/uploads/2017/08/RCU-National-16N003-FINAL.pdf.

————. 2020. *So what is the FE sector. A guide to the further education system in England.* https://www.et-foundation.co.uk/wp-content/uploads/2020/03/200313-ETF-FE-Sector-Guide-FINAL-RGB.pdf.

Gartland, C., and C. Smith. 2015. *Towards a connected approach for inclusive and positive transitions into higher education.* https://pdfs.semanticscholar.org/3c94/13b0502db673c1ec76ec8011de0ddbed08b6.pdf.

Garvin, D. 1993. Building a learning organization. *Harvard Business Review* (July−August). https://hbr.org/1993/07/building-a-learning-organisation.

GOV.UK. 2019. *Independent panel report to the Review of Post-18 Education and Funding.* https://assets.publishing.service.gov.uk/government/uploads/system/uploads/attachment_data/file/805127/Review_of_post_18_education_and_funding.pdf.

————. 2021a. *Skills for jobs: Lifelong learning for opportunity and growth.*

————. 2021b. *What qualifications mean.* https://www.gov.uk/what-different-qualification-levels-mean/list-of-qualification-levels.

Hale, C. 2018. Universities' role in providing higher level skills. *FE Week* (28 November). https://www.fenews.co.uk/featured-article/22621-universities-role-in-providing-higher-level-skills.

Higher Education Funding Council for England. 2006. *Higher education in further education colleges Consultation on HEFCE policy.* https://dera.ioe.ac.uk/6316/1/06_48.pdf.

————. *Supporting Higher Education in Further Education Colleges. Policy, Practice and Prospects.* [Online] Available at http://dera.ioe.ac.uk/8645/7/09_05_Redacted.pdf.

Hill, M. 2015. *Access and Widening Participation in College HE.* Briefing paper 3: effective and collaborative outreach, Action on Access. https://www.aoc.co.uk/sites/default/files/Briefingpercent20paperpercent203percent20Effectivepercent20andpercent20Collaborativepercent20Outreach_0.pdf.

Hughes, D. 2020. Jobs, green recovery and levelling up: FE is the answer. *Times Education Supplement*. https://www.tes.com/news/jobs-green-recovery-and-levelling-fe-answer.

Hunter, B. 2013. Implementing research evidence into practice: some reflections on the challenges. *Evidence Based Midwifery*. 22 August. https://www.rcm.org.uk/learning-and-career/learning-and-research/ebm-articles/implementing-research-evidence-into-practice.

Learning and Skills Improvement Service. 2013. *Higher Education in Further Education Colleges*. https://www.aoc.co.uk/sites/default/files/Gui depercent20topercent20HEpercent20inpercent20FEpercent20forpercent20 collegepercent20Governorspercent202013.pdf.

Little, B., and H. Connor. 2005. *Vocational ladders or crazy paving? Making your way to higher levels*. London: Learning and Skills Development Agency.https://www.researchgate.net/publication/42792376_Vocational_ladders_or_crazy_paving_Making_your_way_to_higher_levels/download.

Nelson, J., and C. Campbell. 2017a. Evidence-informed practice in education: Meanings and applications. *Educational Research* 59 (2): 127−135.

———. 2017b. Evidence-informed practice in education: Meanings and applications. *Educational Research* 59 (2): 127−135.

Nelson, J., and C. O'Beirne. 2014. *Using evidence in the classroom: What works and why?* National Foundation for Educational Research. [Online] Available at https://www.nfer.ac.uk/publications/IMPA01/IMPA01.pdf.

Norris, E. and Francis, B. 2014. The Impact of Financial and Cultural Capital on FE Students' Education and Employment Progression, in A. Mann, J. Stanley and L. Archer (eds), *Understanding Employer Engagement in Education: Theories and Evidence*. London: Routledge.

Office for Students. 2019a. *The national collaborative outreach programme end of phase 1 report for the national formative and impact evaluation*. https://www.officeforstudents.org.uk/media/2d55ab17-7108-4e1d-b883-

6bf8d1504e72/ncop-end-of-phase-one-evaluation-report.pdf.

————. 2019b. *Our new approach to access and participation.* https://www. officeforstudents.org.uk/newapproachtoap/.

————. 2021. *Uni Connect.* https://www.officeforstudents.org.uk/advice-and-guidance/promoting-equal-opportunities/uni-connect/.

Parry, G., C. Callender, P. Scott, and P. Temple. 2012. *Understanding higher education in further education colleges*, Technical Report. London: Department of Business, Innovation and Skills. https://eprints.bbk.ac.uk/id/eprint/11380/1/BIS69.pdf.

Pearson. 2021. *BTEC qualifications.* https://qualifications.pearson.com/en/about-us/qualification-brands/btec.html.

Playfair, E. 2021. FE and HE working together to widen participation, workshop presentation. *NEON online symposium*, 2021.

Quality Assurance Agency for Higher Education. 2014. *The frameworks for higher education qualifications of uk degree-awarding bodies.* https://www.qaa.ac.uk/docs/qaa/quality-code/qualifications-frameworks.pdf.

Raven, N. 2018a. The higher education progression of BTEC learners: Trends, challenges and tactics. In *Concepts of value and worth: National and international perspectives on widening access and participation*, ed. S. Broadhead, J. Butcher, M. Hill, A. Hudson, S. McKendry, N. Raven, D. Sims, and T. Ward, 137–157. London: Forum for Access and Continuing Education.

————. 2018b. The progression of advanced apprentices: Learning from the student experience. In *Concepts of value and worth: National and international perspectives on widening access and participation*, ed. S. Broadhead, J. Butcher, M. Hill, A. Hudson, S. McKendry, N. Raven, D. Sims, and T. Ward, 33–58. London: Forum for Access and Continuing Education.

————. 2019. *Identifying, engaging and facilitating the HE progression and sector entry of those from under-represented backgrounds. A report for the Bridge Steering Group*, unpublished.

―――. 2021a. Widening HE access from FE colleges: The key role played by subject tutors. *Perspectives: Policy and Practice in Higher Education.* https://doi.org/10.1080/13603108.2021.1961173.

―――. 2021b. Making a difference: Insights into effective HE progression practices in further education colleges. *Widening Participation and Lifelong Learning* 23 (1): 79–101.

―――. 2021c. *Realising ambitions: supporting the HE progression of level 3 college students*, unpublished report, Leicestershire Shire Grants.

―――. (forthcoming). Responding with resilience: the impact of the pandemic on the educational experiences and ambitions of FE students. *Widening Participation and Lifelong Learning.*

Senaratne, S., and R. D. G. Amaratunga. 2008. A Knowledge Transfer Perspective on Research and Teaching in Higher Education. In *International Conference on Building Education and research, University of Salford.* [Online] Available at https://usir.salford.ac.uk/id/eprint/9815/1/knowledge_transfer.pdf.

Smith, S., H. Joslin, and J. Jameson. 2015. *Progression of College Students in England to Higher Education*, BIS research paper number 239. https://assets.publishing.service.gov.uk/government/uploads/system/uploads/attachment_data/file/460394/BIS-15-531-progression-of-college-students-in-england-to-higher-education.pdf.

Standaert, R. 1993. Technical rationality in education management: A survey covering England, France and Germany. *European Journal of Education* 28 (2): 159–175.

Tazzyman, S., L. Bowes, R. Moreton, M. Madriaga, and C. McCaig. 2018. *National Collaborative Outreach Programme. Year one report of the national formative and impact evaluation, including capacity building* *with NCOP consortia*. Bristol: Higher Education Funding Council for England. https://webarchive.nationalarchives.gov.uk/*/http:/www.hefce.ac.uk/.

UK Parliament. 2020. *The role of colleges in a skills-led recovery from covid-19 outbreak*, Research Briefing, House of Commons Library. https://commonslibrary.parliament.uk/research-briefings/cdp-2020-0108/.

Universities UK. 2015. Supply and demand for higher-level skills. https://www.universitiesuk.ac.uk/policy-and-analysis/reports/Pages/supply-and-demand-for-higher-level-skills.aspx.

Voake, C., L. Taylor, and R. Wilson. 2013. *Transition Difficulties from FE to HE − What is the situation and what can we do about it?* The Higher Education Academy. https://www.advance-he.ac.uk/knowledge-hub/transition-difficulties-fe-he-what-situation-and-what-can-we-do-about-it.

第七章　协作：形成共同语言？

前几章已经提到，继续教育学院的课程定位一直介于中学教育和大学教育之间。特别是自 1992 年英国政府颁布《继续教育和高等教育法》以来，这种界限愈加模糊。学院不仅提供普通中等教育证书（GCSE）和高级水平普通教育证书（A level）课程，还涵盖了高等教育资格的课程（Orr 2020）。与此同时，学校也提供了如商业与技术教育委员会（BETC）等职业资格课程（Rodeiro and Vitello 2020）。继续教育学院之所以占据这样的特殊地位，是因为他们不仅提供高等教育课程，还肩负着为高等教育输送合格学生的任务。据统计，通过大学和学院招生服务（UCAS）进入高等教育的 19 岁以下学生中，约有三分之一曾在继续教育学院接受过教育（Association of Colleges 2019）。

本章将深入探讨继续教育学院与大学提供的高等教育课程的重叠之处，以及由此引发的竞争和紧张关系；提出一系列解决这些紧张关系的策略，包括促进多方协作，以及探索可能有利于学院、大学和整个国家长远发展的路径。这一分析过程将结合多位作者的研究成果以及我们在继续教育和高等教育领域的实际工作经验。

根据表 7.1 和 7.2 的详细数据，英格兰的公立高等教育学生中，约有 8% 的学生在继续教育学院就读。表 7.1 展示了英格兰全日制高等教育学生的人数，分别按照大学（高等教育机构）和学院（继续教育机构）以及其他教育机构进行分类。表 7.2 则展示了英格兰非全日制高等教育学生的人数，采用相同的分类标准。

"其他教育机构"一词在此指的是那些尚未获得大学地位的私立大

学、私立学位授予机构，以及具有特定课程资质的教育机构（HESA
2018）。只要学生满足特定条件并选修了指定的课程，他们就可以获
得拨款支持。虽然这些教育机构大多规模较小，但是，以法学大学
（University of Law）为例，部分机构每年的招生规模可以达到 7000 名
本科生（Eurydice 2019）。

表 7.1　英格兰高等教育课程全日制学生数量

学校性质		2015/2016 学年人数	2016/2017 学年人数	2017/2018 学年人数	2018/2019 学年人数	2018/2019 学年人数占总数百分比 /%
研究生课程	高等教育机构	251,565	250,530	266,510	279,985	17.01
	继续教育机构	1020	905	985	1115	0.07
	其他教育机构（指定课程）	0	0	3215	8120	0.49
本科课程	高等教育机构	1,099,155	1,143,560	1,180,640	1,206,075	73.28
	继续教育机构	19,565	19,585	20,040	19,920	1.21
	其他教育机构（指定课程）	23,465	27,490	29,130	30,670	1.86
其他本科课程	高等教育机构	40,870	36,290	35,730	34,890	2.12
	继续教育机构	43,895	46,050	46,590	46,510	2.83
	其他教育机构（指定课程）	23,870	18,185	16,900	18,480	1.12
总计		1,503,400	1,542,595	1,599,745	1,645,770	

信息来源：英国高等教育统计局（HESA 2018/19）。

注：根据 HESA 网站原始数据，此表中的学年实际上应减少一年，例如，本表 2018/2019
学年实际为 2017/2018 学年。——译者

表 7.2　英格兰高等教育课程非全日制学生数量

学校性质		2015/2016 学年人数	2016/2017 学年人数	2017/2018 学年人数	2018/2019 学年人数	2018/2019 学年人数占总数百分比 /%
研究生课程	高等教育机构	191,010	188,115	190,960	188,075	40.85
	继续教育机构	1945	1680	1780	1620	0.35
	其他教育机构（指定课程）	20	0	3585	6935	1.51
本科课程	高等教育机构	152,230	143,285	135,100	130,395	28.32
	继续教育机构	2495	2105	2270	2410	0.52
	其他教育机构（指定课程）	455	4200	3555	4395	0.95
其他本科课程	高等教育机构	109,165	98,165	83,040	72,520	15.75
	继续教育机构	58,985	54,740	54,335	51,735	11.24
	其他教育机构（指定课程）	2055	2880	2285	2370	0.51
总计		518,355	495,165	476,910	460,450	

信息来源：英国高等教育统计局（HESA 2018/19）。

注：根据 HESA 网站原始数据，此表中的学年实际上应减少一年，例如，本表 2018/2019 学年实际为 2017/2018 学年。——译者

根据表 7.1 和 7.2 的数据分析，继续教育学院的研究生招生数量相对较少。与此同时，与大学及其他教育机构相比，学院在全日制本科生招生方面也显得较为薄弱。值得注意的是，尽管大学及其他教育机构的全日制本科生数量逐年递增，但选择继续在继续教育学院接受高等教育的本科生人数却基本保持稳定。然而，在全日制其他本科课程的招生方面，继续教育学院的学生数量却超过了大学。在非全日制其他本科课程的招生方面，继续教育学院与大学的学生数量差距逐年缩小。自 2015 年起，非全日制学生数量略有下降，但继续教育学院的降幅并不显著。

"其他本科课程"特指包括高级国家文凭 / 证书课程（HNGs/HNDs）、基础学位（FDs）等在内的两年制职业教育项目，学院在招生

策略上更偏向于吸引本地学生。根据教育与培训基金会 2017 年发布的数据，2015/2016 学年期间，继续教育学院的高等教育课程约有 80% 的学生来自其地方企业合作伙伴关系（LEP）所覆盖的区域；相比之下，大学这一比例仅为 37%。此外，继续教育学院的高等教育课程学生更多地来自高等教育参与率相对较低的地域，这一结论来自学生事务办公室 POLAR 平台的数据分析。具体来说，在 2015/2016 学年，属于本地招生第一梯队和第二梯队（Quintiles 1 and 2）的学生中约有 42% 选择了在继续教育学院接受教育，而选择在大学接受教育的这类学生比例则为 27%。由此可见，继续教育学院提供的高等教育经常有不同的课程，主要服务于本地学生，并且其中不乏来自社会弱势背景的学生。

继续教育学院为何提供高等教育？

本章接下来将描述继续教育学院在提供高等教育课程时面临的诸多挑战和困难。然而，开设这些课程亦伴随着诸多益处。威多森和金（Widdowson and King 2013）提出，学院提供高等教育课程的原因包括：

- 为学生提供内部升学机会，以提升教育参与动力。
- 增加 3 级（Level 3）职业课程学生的外部升学机会。
- 致力于解决当前技能差距和人才短缺的问题，作为本地、下辖地区和区域高等教育举措的重要一环。
- 提升学院形象和教职工经验。
- 促进收入来源多元化，包括高收费的国际学生，以及部分或完全由雇主出资的在职人员。

以作者担任中型继续教育学院高等教育管理人员的经验来看，第一条内容尤为重要。如第六章所述，作者了解到，许多修读 3 级课程的继续教育学院学生完全有资格进入高等教育阶段，却选择了放弃这个选项。这种情况在职业课程学生中尤为明显，主要是那些修读爱德思（Edexcel）商业与技术教育委员会（BTEC）认证课程的学生。基于英国学生事务办公室（Office for Students 2021a）提供的本地生源数据，通过对这些特定学生的详细分析，发现他们更有可能来自高等教育代表性不足的群体。因此，学院的高级管理人员决定为学院的每个职业领域提供高级国家文凭（HND）或基础学位（FD）。这项措施在某种程度上是成功的，例如计算机课程的需求每年都保持稳定，但对于艺术与设计等领域的许多课程，需求波动较大，因此在某些年份，一些课程无法招到足够的学生开课，而在接下来的年份，这些课程又可能恢复生机。一些新推出的课程，如旅行与旅游业，从未招到足够多的学生，因此不得不停招。恢复这些课程的努力现已取得一定成功，例如一门在 2010 年无法招募到学生的公共服务课程在 2019 年重新招生开课。

开设高等教育的学院并非旨在与大学竞争，而是为那些在当地居住但不希望或无法离家上大学的人提供一种替代选择。然而，情况并非全都如此。例如，诸如达勒姆新学院以及布莱克浦和费尔德学院学生人数众多，超过了部分小型大学的学生规模。

政府使用一项复杂的公式计算每位学生在高等教育期间的资助金额，基本资助额度在 2020/2021 学年为 3455 英镑（Education and Skills Funding Agency 2019），而同一时期，高等教育学生的学费最高可达 9250 英镑（UCAS 2019）。因此，学院应该有充足的动力提供高等教育课程。然而，继续教育学院通常收费较低。表 7.3 基于 2012—2017 年的数据制成，当时最高学费为 9000 英镑。

此外，相较于大学，学院通常收费低、班级规模小。由于大学可以招收更多学生，因此课堂规模可能较大，但具体情况因学科领域而异（如表 7.4 所示）。

表 7.3　按教育机构和资格证书分类的平均收费情况

单位：英镑（精确到个位）

机构	学士学位	基础学位	高级国家证书	高级国家文凭
大学	8960	7510	7860	7160
继续教育学院	7490	7240	5910	6180

资料来源：英国教育部（Department for Education 2019）。

表 7.4　2012/2013 学年大学课程平均规模

	经济学	历史学	物理学
课程总人数	112	41	76
班级人数	20	16	21
合理人数	66	36	25

资料来源：赫胥黎（Huxley et al. 2018）。

众所周知，大学有机会面向大量学生授课。而相较于大学，专科院校的学生总数较少，因此鲜有这个机会。

表 7.5 揭示了各类本科教育提供者以及各校本科学生规模的显著差异，如安格利亚鲁斯金大学，多达 2.12 万名学生，而格罗斯泰特主教大学仅有 1460 名学生。他们的名称可能令人困惑，例如，伯贝克学院是伦敦大学的一部分，但其继续教育学生人数与其他学院相比有较大差距。布莱克浦和费尔德学院的学生有 2455 名之多，而艾尔斯伯里学院只有 75 名学生。布莱克浦和费尔德学院是英格兰继续教育本科课程最大的提供机构之一，也是少数能自行颁发基础学位的学院。英国和爱尔兰现代音乐学院有限公司是一家提供音乐教育的私人教育机构，共有 5020 名学生，但分布在英格兰的多个地点。尽管继续教育学院的班级规模通常较小，但他们无须承担大学的一些管理费用，因为学院的科研活动相对较少，且通常没有自己的学生宿舍，因为学生更可能在当地生活并在家中住宿。

表 7.5　2019/2020 学年大学、继续教育学院和其他教育机构的学生数量

机构名称	在校生人数
安格利亚鲁斯金大学高等教育公司（10000291）	21,200
雅顿大学有限公司（10005451）	7715
伯恩茅斯艺术大学（10000385）	3010
阿斯克姆布莱恩学院（10000415）	450
阿斯顿大学（1000759）	12,565

续表

机构名称	在校生人数
艾尔斯伯里学院（10000473）	75
巴内特·索斯盖特学院（10000533）	300
巴恩斯利学院（10000536）	450
贝辛斯托克技术学院（10000560）	95
巴斯大学（10001465）	195
巴斯温泉大学（10000571）	6610
贝德福特学院（10000610）	685
英国和爱尔兰现代音乐学院有限公司（10036544）	5020
伦敦大学伯贝克学院（10007760）	8495
伯明翰城市大学（10007140）	19,120
伯明翰都市学院	255
奥克兰主教学院（10000720）	110
伯顿主教学院（10000721）	610
格罗斯泰特主教大学（10007811）	1460
布莱克博恩学院（10000747）	1610
布莱克浦和费尔德学院（10000754）	2455

资料来源：英国学生事务办公室（OfS 2020a）。

继续教育学院提供高等教育课程面临的挑战

正如先前所述，布莱克浦和费尔德学院是七所具备自行授予基础学位权限的继续教育机构之一。1992 年的《继续教育和高等教育法》以及 2008 年的修订案赋予继续教育机构自行授予基础学位的权限（QAA 2018a）。然而，这一审批过程相当烦琐，因此拥有此权力的学院及学院团体数量相对较少。培生爱德思提供了一个审批流程相对简化的方案，即商业与技术教育委员会（BETC）高级国家文凭/证书的认证，所以许多学院都提供这些资格。因此，绝大多数学院只能在获得大学认证后方可提供本科或基础学位。

根据学院的地域分布状况，部分学院要与某所大学展开合作，这类大学通常为地方性学府；而另外的众多学院会选择与多个大学建立合作关系，以获取多种职业资格认证（Further Education Trust for Leadership 2017）。巴塔查里亚和诺曼（Bhattacharya and Norman 2021）研究了学院与本地大学或距离较远的大学合作所带来的益处。他们指出，学院与本地大学联手的主要优势在于，双方可以共同与当地产业协同合作，提供符合需求的学历认证和相关专业培训。此外，由于地理位置相对较近，学院的学生可充分利用大学的部分专业设施以及图书馆资源。

然而，这种做法亦凸显了学院与大学的竞争关系。巴塔查里亚和诺曼（Bhattacharya and Norman 2021）发现了一些相关的案例：大学吸引了原本在学院注册攻读 4 级 /5 级资格（Level 4/5）副学位课程的学生，使他们转而选择大学的学位课程。这一现象表明，学院与大学之间确实存在竞争。因此，部分学院更倾向于与距离较远的大学建立合作关系，以避免竞争。

大学对学院的课程认证收取一定费用，通常为课程学费的 10%~15%。认证程序确保学院具备适当的基础设施和质量流程，以支持相应级别的课程。大学会对每个课程分别进行认证，以确保学院拥有合格的教职工和资源，有能力开设该课程。在认证课程后，一些大学会与学院保持密切合作，以监督其教学质量，但并非所有大学都会采取此类措施。

鉴于合作安排所引发的疑虑，英国教育部已指令学生事务办公室就此展开深入调查，并依据调查结果提交一份详尽的基本经验做法清单（Department for Education 2017）。同时，为确保高等教育质量，高等教育质量保证机构承担着重要职责，并制定了相关的质量准则（QAA 2018b）。

根据威多森和金（Further Education Trust for Leadership 2017）的研究，大学对学院开展认证工作有多种原因：

1. 成为一种增收途径。

2. 建立与当地学院的关系，以便后者推荐学生报考该大学；有时二者之间会签署正式协议，学院学生将获得面试保障和／或较低录取要求。

3. 大学必须制定相应流程，招收扩大教育参与率计划所覆盖的学生，而学院往往能招募到更多这类学生。

4. 大学仅认证两年制课程，并承诺成绩优秀的学生将有机会专升本，就读大学对应的学位专业。由此，学院和大学双赢，一方面，有利于学院的营销；另一方面，在部分本校学生退学时，他们也能为学生提供读到学位课程最后一年的递补机会。

5. 能够证明大学与当地社区实现了协作。

有时，大学会仅认证其在某一领域具有专长的课程，或者认证大学已开设的课程，也可以是学院编写的新课程，或两校共同编写的课程。

本书的作者在过去二十多年中致力于学位认证工作。在此期间，作者所在的学院与八所不同的大学进行过合作，但通常每次同时仅与两三所大学合作。这些大学往往因内部人事变动，如新聘任的副校长改变职权，而突然终止与学院的认证协议。这使得学院不得不频繁地寻找新的合作大学，以认证已有学生就读的课程。值得注意的是，这些大学均位于学院周边 50 英里（约合 80.47 千米）的范围内，但他们普遍不愿意承担完整的学位认证工作。

从学院的角度来看，与大学的合作至关重要；然而，对于大学而言，继续教育学院的需求并非其首要考虑。经过调查发现，愿意为学院提供课程认证的大学相对有限。目前，学院正在与开放大学进行学位认证合作，因为开放大学是唯一一家愿意承担完整学位课程认证任务的高校。

在全国范围内，特别是在地理位置相近且存在竞争关系的情况下，学院与高校之间的关系常常颇为紧张。为了改善这一状况，成立了大学认证委员会，旨在推动双方之间的良好实践（Council for Validating Universities 2021）。同时，英国学生事务办公室和英国高等教育质量保证机构也在积极倡导和维护良好的、公平的合作关系和实践。

除了满足认证大学对学院提出的质量和流程要求，学院还需遵循学生事务办公室（OfS 2021a）的相关规定。开设高等教育课程的学院需向英国学生事务办公室进行注册，遵守其报告要求，实施全国学生调查，并定期参与教学卓越和学生成果框架（TEF）的评价。此外，学院还需制订并执行招生与扩大教育参与率计划（APP），以及质量保障框架。关于这些内容，第三章和第四章已分别进行了详尽的阐述。

然而，第三章并未详尽阐述学院在制订招生与扩大教育参与率计划过程中相较于大学所面临的额外挑战。前文曾提及，按照规定，当前的基本学费为 6250 英镑，任何收费高于此标准的高等教育机构均需制订招生与扩大教育参与率计划，以说明额外收入将如何用于扩大教育覆盖范围和助力弱势群体学生入学。尽管部分学院所收取的学费低于最低金额，无须制订此类计划，但绝大多数提供高等教育课程的学院仍受此规定约束。

前文已经提到，计划制订过程漫长，为确保计划获得英国学生事务办公室的批准，必须遵循其提供的模板和指导。尽管在计划制订时，相关统计数据至少已有一年的历史，但仍需以其为准绳。英国学生事务办公室还提供了一份统计表格，记录各学院在学生事务办公室设定的主要指标。

尽管学院与大学之间存在诸多差异，且学院面临一系列挑战，但学院仍需与大学完成完全相同的招生与扩大教育参与率计划。学院面临的困难包括以下这些问题：

- 继续教育学院的学生数据量过小，所以由英国学生事务办公室提供的、用于填报计划的对比数据对于继续教育学院来说颇为稀疏，据此进行比较非常困难。此外，大学能引用统计表格中的大数据来解释计划或进行比较，但是对于继续教育学院来说，这些表格则常常空白一片——仍然因为学生过少。

- 大学主要关注高等教育课程，而且由于计划产生了大量拨款，他们可以雇用专业人士来制订招生与扩大教育参与率计划——而在继续教育学院，这只能是某位职员在自己的工作份额之外兼顾的部分。此外，高校还拥有精通统计分析的专业人员。因此，学院需要在研究和评价方面投入不成比例的资源，同时超额费用的使用也在总体上不成比例。在关于新的招生与扩大教育参与率计划申报流程第一年的报告中（OfS 2020e），英国学生事务办公室在一定程度上承认了这一点。

- 学院提供的课程数量较少，面向的学生也较少，主要为职业课程，收费较低，主要以两年制基础学位和高级国家资格为主，因此产生的额外收入也少。

- 由于学院提供的课程设置，而且通常仅在本地区招生，故大多数学院自然招收了更高比例的来自扩大教育参与率背景的学生。因此，他们的计划往往不是关于招生，而是更多关注如何帮助在校学习的学生。

因此，对继续教育学院而言，其负担比大学更大。尽管制订计划的学院在数量上稍多于大学，但是招生与扩大教育参与率计划的模板和要求却是针对大学的运作、需求和计划而设计的，因此，继续教育学院的负担与扩大教育参与率计划不匹配。作者对招生与扩大教育参与率计划进行了分析，得出的结论之一是，大学倾向于采用各种行政干预措施来提高其扩大高等教育参与的成效，鲜有提及他们如何通过教学来支持弱势群体学生。而对于许多学院来说，这却是其战略的重要组成部分。此外，在学生事务办公室为提高教育参与率成果所提供的建议中，这一点并未被提及。

然而，一项由英国学生事务办公室委托进行的报告已经关注到这些学院所面临的问题，该报告涉及大学与学院的数据使用，以及高等教育招生与学生成果转化中心（TASO）的作用（Krcal et al. 2020）。该中心是由伦敦国王学院、诺丁汉特伦特大学和行为洞察团队（Behavioural Insights Team）（OfS 2021b）共同设立的一个独立机构，是英国成效网络成员之一，也是一个数据中心，负责协助大学和学院更有效地利用数据来监测是否达到增加入学的目标。英国学生事务办公室委托一份报告评估 TASO 的效果。报告的作者（Krcal et al. 2020，44）发现："在继续教育学院供职的受访者表示，现有的数据反映的似乎大多是大学面临的问题，而这些学院则难以将数据应用于自己的情况。"

报告对高等教育招生与学生成果转化中心的建议之一（Krcal et al. 2020，72）如下：

> 加强与继续教育学院的联系，并为其提供针对其特定情况的指导。与大学等其他教育机构不同，在独立评估单位不存在的情况下，继续教育学院通常无法依托更广泛的机构资源（如数据分析技能）。

学生的切身体验

在继续教育学院提供高等教育课程的过程中，学生与教学人员的期望可能各不相同。作者的经验表明，年轻人进入大学后，生活会发生显著变化：可能要破天荒地独自生活，身处迥异的环境，远离父母，学习方式与以前截然不同，在学习方法上必须更加独立，此外还可能第一次自己做饭、洗衣——这对他们来说，或许有点令人兴奋。然而，如果他们在继续教育学院注册高等教育课程，尤其是如果他们之前曾在该学院学习过 3 级（Level 3）教育课程，生活就回到了从前。在这种情况下，让学生意识到现在需要改换学习方式，还要对学习负责，是件十分困难的事情——更不用说他们仍在同样的楼里学习，听同一拨老师授课。罗菲－巴伦特森（Rofey-Barentsen 2015）调查了一些从继续教育学院升入高等教育的学生发现，许多学生认为升入高等教育的过程很困难，他们本应为高等教育的挑战做出更充分的准备。

因此，学院只得为高等教育课程做出特殊安排，试图为学生们提供"大学体验"，包括安排单独的教室或区域，提供专用教室或公共空间，甚至不同颜色的胸卡挂绳。

艾伦（Allen 2016）的研究表明，众多学院将高等教育教学区称为大学区（作者供职的学校也是如此），尽管学生们实际身处同一所继续教育学院，他们经常提及"大学学习体验"。然而，在其他方面，学生所获得的校内资源与此前并无二致。他们在校园内的社交生活方面无法与大学学生媲美，因为大部分学生居家住宿，每日通勤往返学院，而学院不可能设有学生会酒吧或社团。尼克松（Nixon 2019）与艾伦（Allen 2016）发现，尽管攻读同一学士学位课程，与提供认证的大学相比，学院学生选修的模块少很多，原因在于学院选修大学课程的学生人数有限。学院的确尽力为学生提供高等教育所需的核心资源，特别是图书馆资源，但在资源设施方面，在继续教育学院修读高等教育课程的学生无法享有与大学学生同等的权益。学院学生可能有机会借用认证大学的图书馆和设施，但以作者所在的学校为例，若大学距离学院达 50 英里（约合 80.47 千米），这种机会实则寥寥无几——尽管大学有在线设施可供访问。

不过在继续教育学院修读高等教育课程仍然具备一定的优势。艾伦（Allen 2016）的研究发现，学院通常会将授课时间压缩在两到三天内，这是因为学院方面考虑到，他们的学生在修读高等教育课程的同时，很可能还在工作。此外，如果修读某一门课程的学生有中小学在读子女，学院会尽量将授课时间与中小学作息时间保持一致。

帕里等学者（Parry et al. 2012，134）的研究表明，参与继续教育机构的高等教育学习的优势之一便是班级规模较小，师生关系更为紧密，从而使学生能够获得教师及同学更多的协助。艾伦（Allen 2016，200）引用了一位学生的案例，他因在大学感到无助而退学，选择重返继续教育学院。该学生表示，不同于继续教育学院的老师，大学教师无法抽出时间给予同样的帮助。艾伦还发现，在继续教育学院接受高等教育的学生认为他们是同舟共济的伙伴，而大学生往往将同课程的其他学生视为竞争对手。

罗克斯和拉文德（Rocks and Lavender 2018）的研究表明，相较于大学，那些被吸引至继续教育的非传统背景学生在继续教育学院的培育式教学方式和文化环境中更能提升自信、自尊，实现转变并改变生活视角。艾伦（Allen 2016）指出，学院在生活方面的保障跟进得当，但对高等职业教育课程的学生的职业建议相对不足。实际上，如德比郡和诺丁汉郡合作外展项目（Derbyshire and Nottinghamshire Collaborative Outreach Programme）在委托的研究中发现（Raven 2019），部分学生在当地的继续教育学院学习是因为别无选择。该研究探讨了 3 级教育学生面临的升学挑战以及如何应对这些挑战。这些学生借助扩大高等教育参与率的机会入学，在英格兰东米德兰兹的两家学院学习。雷文（Raven 2019）发现，在同时提供继续教育和高等教育课程的学院中，部分学院导师和讲师认为一部分学生"若非学院提供的机遇，永远没有条件上大学"。同样，作者在与本院学生的交流中也了解到，若无本地学院的便利，他们根本无法离家上大学，尤其是已经成家的大龄学生。

许多学院与大学签订了学分衔接协议，这些协议通常限于本地范围，学生在学院修完高级国家文凭（HND）或者基础学位之后，可以自动升入大学开设的学位课程。若学院的基础学位因其与大学的学位课程吻合而得到大学的认证，那么入学流程就可以大大简化。巴塔查里亚与诺曼（Bhattacharya and Norman 2021）认为，这是学院与大学之间加深合作的一个主要方式。凯力拓斯基（Kalitowski 2019）举出了赫特福德郡高等教育联盟作为例子，这个联盟由赫特福德郡大学及四个继续教育学院组成，为学生提供升入赫特福德郡大学的机会。继续教育学院中经过认证的高等教育课程帮助学生有机会在课程修完之后升入大学。自从联盟 2000 年成立以来，已经有 1.5 万名学生通过这一路径进入大学学习。

正如第六章探讨的那样，继续教育学院在招收弱势家庭背景的学生进入高等教育项目方面取得的成就更大，但这也往往意味着这些学生需要更多的帮助。令人宽慰的是，因为许多继续教育学生也存在类似的需求，相应的支持体系已经建立（Bathmaker 2016）。

继续教育学院提供的高等教育与传统大学教育在本质上有所不同。作者的经验证实，在与大学协商双方认证协议的过程中，双方均认可一个观点：尽管学生体验可能存在差异，但通过权衡双方的优劣势，学生的总体感受却可以实现对等。例如，虽然继续教育学院在图书馆设施或社交环境等方面无法与大学比肩，但继续教育学生却能享受到小班教学、与导师更为密切的互动。部分学院有较大规模的高等教育学生，规划了高等教育区域，不仅设有公共休息室和餐饮设施，还配备了专职高等教育导师，以区分高等教育和继续教育学生。

教职工的切身体验

　　大学普遍期望教师在科研与教学方面均能胜任，然而此类现象在继续教育学院并不常见。在认证学院高等教育课程的过程中，大学教师往往对继续教育讲师每周课时量之多感到惊讶。在多数学院中，负责讲授高等教育课程的导师同时也承担继续教育课程的教学，因此他们必须适应两种教学类型及相应的师生关系（Feather 2016），长此以往，绝非易事。费瑟（Feather 2016）的研究发现，教授高等教育的继续教育讲师对学院存在一定程度的不满，例如他们在忠诚于学院（和管理制度）与履行教职之间面临着难以平衡的紧张关系；而在高等教育领域，更加强调团队合作。继续教育讲师的合同规定每周应授课 23~25 小时；在与大学进行交谈后，他们意识到，大学讲师的教学工作量小得多——尽管他们教授同样的高等教育课程。

　　金和威多森（King and Widdowson 2012）在研究中发现，从事高等教育课程的继续教育讲师在教授学生时，采取的教学模式不同于大学。他们注重个性化教学，但对学生自主学习的要求较高。学院通常鼓励这些讲师进行研究，一些大学还为参与认证学院课程的教师提供有学费折扣的硕士或博士学位项目（Parry et al. 2012）。克里西（Creasy 2013）指出，研究是高等教育导师职责的重要部分，学院导师本身也应该进行研究，否则学生的全日制高等教育体验将不完整，高等教育的影响力也可能减弱。作者在与多家大学及教师合作认证学院的高等教育课程时发现，尽管大学导师对工作量颇有微词，但与继续教育同行交流之后，他

们意识到彼此的生活和工作方式存在差异，且继续教育同行的工作压力
更大，因为后者需要随时随地为学生提供支持。艾伦（Allen 2016）的
研究发现，继续教育教师办公室远比大学教师休息室嘈杂，经常会有许
多学生找老师请教问题或寻求建议，尤其在休息时间。而大学中则没有
此类现象。

在高等教育学生规模较大的部分学院中，虽有专门行政人员负责处
理高等教育学生事务，但学院行政部门及招生工作人员仍需掌握并执行
一套独立的高等教育法规与程序。

雇主的切身体验

鉴于继续教育学院主要以提供职业教育为主，此类学院通常与当地
雇主保持密切合作，以确保培训内容和培训方式能够满足雇主的需求。
在此背景下，学院需要吸纳雇主代表加入管理团队。赫斯本德和杰弗里
（Husband and Jeffrey 2016，5）明确提出，在职业教育领域提供高等教
育，尤其是采取非全日制、半工半读等形式时，许多雇主更倾向于"针
对职业技能和技术能力开展高等教育级别的培训，而非让学员深深沉浸
于某一学科领域的研究理论或创意"。关于与雇主开展协作的详细讨论，
可参见本书第四章。

差异

在各类继续教育学院中，无论是高等教育课程较少的学院，还是高
等教育课程众多的学院，当前的状况皆如下所述。学院与大学之间的师
生体验存在显著差异。本书前面已经分析过，大学与学院的职责和文化
各异，因此表 7.6 所反映的差异也就不足为奇了。

表 7.6　大学与继续教育学院各方面对比

	大学	继续教育学院
首要目的	研究；教学和评价为辅	教学和评价；极少研究
角色	狭窄——高等教育——4—8 级资格（Level 4—8）	宽泛——基础及 1—6 级教育和学徒教育、成人教育
文化	团队协作转向管理主义文化 学术氛围浓厚	管理主义文化 追求实际
可见性	比较受公众和政府的关注	较少受公众和政府的关注
规模	通常规模较大或非常大	从小规模到很大规模各不相同
灵活性	有限	通常灵活善变
财务	学费高，有资助	学费低
招生	全国、全世界招生	主要为本地招生
规划	中期和长期	短期和中期
课程范围	大	小，以职业课程为主
学生背景	年龄和社会经济背景较接近	年龄和社会经济背景差别很大
学习期限	主要为全日制学生——三年制	全日制和非全日制——大多为两年制
学生住所	主要在校园	主要在家

协作

由此可见，学院与大学需要在学院高等教育认证方面展开合作。巴塔查里亚与诺曼（Bhattacharya and Norman 2021）在研究双方合作的基础上，指出合作过程中存在诸多挑战，并阐述了如何应对这些挑战。他们认为，竞争关系是合作的主要障碍之一。本书第三章已对其进行了详尽阐述。因此，地处同一地区的继续教育学院和大学之间经常对合作感到倦怠。

然而，有一些事实表明，大学和学院之间的合作曾经取得了良好效果，这不仅对当地产业产生了积极影响，同时也为学生带来了实惠。德比大学（Derby University 2021）在其官方网站上阐述：

携手其他机构共同扩大高等教育与继续教育的覆盖面，助力区域经济增长，并提升英国声誉，显得至关重要。我们热诚欢迎与理念契合的机构建立紧密的合作关系。

其后列举了当前与之合作的十二所院校。

巴塔查里亚和诺曼（Bhattacharya and Norman 2021）发布了一份针对高校协同合作的研究报告，其中提出一项具有积极意义的实践案例：蒂斯河工程（Teesworks）的再生发展项目。通过整合各类资源及专业知识，达灵顿学院（Darlington College）、雷德卡和克利夫兰学院（Redcar and Cleveland College）、斯托克顿河畔学院（Stockton Riverside College）、哈特尔浦学院（Hartlepool College）以及提赛德大学（Teesside University）共同组建了提赛德大学—学院合作团队。该团队充分发挥协同效应，将自身定位为蒂斯河工程培训需求的中间人，提供高等教育及继续教育领域的技能培训。

跨党派议会大学集团（All-Party Parliamentary University Group 2019）发布了一份论文，以米德尔塞克斯大学与三家伦敦继续教育学院协同开展学位实习项目为例，高度评价了大学和学院携手合作授课的优势，尤其是为雇主提供服务方面所取得的成果。然而，该组织承认，受资金短缺和竞争因素影响，大学与学院之间的关系尚存在不尽如人意之处。对此，他们提出了相应的建议：

> 合作伙伴之间的多样性可能对协作造成困扰，原因是高等教育与继续教育机构在授课方面各自拥有独特的术语。要克服这些差异，确保所有参与者对合作伙伴关系的目标和实践都能达到明确的认识，颇为困难。

根据黑尔（Hale 2018）的研究，米德尔塞克斯大学的学徒中心与当地继续教育学院合作，共同支持各级别学徒对标需求和持续发展，确保升学路径清晰。他还提到了伯明翰大学与伯明翰大学学院（UCB）

以及南伯明翰城市学院（South & City College Birmingham）的合作，他们共同建立了一套系统，以促进学生能够升入工程领域学习高等技能。

大学联盟（University Alliance）由十二所招生分数换算点较低（lower tariff）的高校组成，他们认为高校之间的合作至关重要，并且：

> 因此呼吁下一届政府构建更为一体化的高等教育体系，进一步激励高等教育与职业教育携手合作，为各年龄层和背景的学习者提供灵活、选择多元以及明确的职业发展路径。（Kalitowski 2019）

在回应 2021 年教育部的白皮书时，大学联盟的主席也表示：

> 我们欢迎通过这些改革构建更一体化的高等教育体系的机会，进一步激励高等教育与继续教育携手合作，为所有学习者提供灵活、选择多元以及明确的职业发展路径。（University Alliance 2021）

白皮书已正式纳入《技能与后教育法案》，在一份新闻稿（DfE 2021b）中，教育部表示，法案提出的措施将提高职业教育与高等教育的平等性，并纠正了取得学位是进入理想职业的唯一途径这一错误说法。

在本书的第一和第二章，我们讨论了招生与扩大教育参与率计划，许多高等教育机构在其计划中强调了与地方继续教育学院的协同合作，旨在激励并推动弱势背景的青年人群接受高等教育。例如，伯明翰大学在其招生与扩大教育参与率计划中阐述了如何与该市两所继续教育学院建立联系，以搭建通往城市工程领域的高级技能通道（Office for Students 2021c）。同样，林肯大学也在其招生与扩大教育参与率计划中表明，已与林肯郡的所有继续教育学院形成联盟，共同创立了林肯郡理工学院，致力于相关的教育和培训工作（Office for Students 2021d）。

在升学与继续教育论坛的支持下，本书的作者们组织了一场网络研讨会。英国学生事务办公室的代表以南安普敦大学和索伦特大学与当地继续教育学院的顺利合作为例，详细阐述了如何识别并定位亟待提升技能的领域，进而提供相应的高等教育课程。然而，纽卡斯尔学院集团的参会者分享了该集团如何获得学位授予资格的经历，指出过去继续教育学院在合作关系中往往被视为较低级别的合作伙伴，遭受来自大学的不公平待遇。尽管大学似乎热衷于与学院合作以吸引拥有 3 级资格的学生，但高等教育课程的合作并不总是顺利的，原因可能在于双方往往争夺相同的年轻人目标群体。

大学连通项目及扩大教育参与率

为激励弱势群体积极参与高等教育，2019 年英国启动了全国合作外展项目（NCOP），旨在提升英国高等教育入学率垫底地区学生的升学机会。该项目现已更名为大学连通项目（Uni Connect），每年从英国学生事务办公室获得 6000 万英镑资金扶持。学生事务办公室方面表示：

> 据英国学生事务办公室资料，共有 29 个地方企业合作伙伴关系参与其中，这些合作伙伴关系包括大学、学院、地方政府、地方企业联盟、雇主等，共同致力于在本地推动和发展大学连通项目。（OfS 2020b, 1）

众多项目与继续教育学院携手，目的在于激发教育欠发达地区年轻人对高等教育的热情。部分项目更是针对继续教育学生升入高等教育而量身定制。英国学生事务办公室在其官方网站上展示了埃塞克斯郡合作团队的实例，该团队针对 16 岁以上的继续教育学院学生实施了一个项目，确保他们充分了解高等教育的机会（OfS 2020c）。这也被视为一个良机，可向年轻人推介在继续教育学院深造的优势。然而，根据作者的实际经验，大学连通项目伙伴关系多由当地大学主导，因此重点往往集中在激励年轻人升入大学。这一观察结论得到了英国学生事务办公室网站中其他案例研究的支持，这个研究从升入高等教育的案例发现，除了一个案例外，其余皆以进入大学学习为指针（OfS 2020d）。在撰写本文时，一个关于大学连通项目的咨询正在进行，其中一个建议是应更加关注继续教育学院，尽管这仅仅是关注继续教育学生及大龄学生升入大学的过渡（OfS 2020e）。雷文（Raven 2021）表达了担忧，认为依靠大学在招生与扩大教育参与率计划中完成的工作无法弥补大学连通项目的衰落。

前文提到过，大学声称其与继续教育学院开展了一些合作，虽然相关实例不是很多。因此，这是一个可供二者进一步深化合作的领域。然而，新自由主义市场化文化在这两类机构中均对合作产生了掣肘。在多数地区，尤其是城市，继续教育学院与大学往往会着眼于相同的学生资源。这些学生可以选择在当地学院攻读高级国家文凭（HND）课程，或在当地大学修读学位课程。作者了解到某市的一个例子：一所大学对当地学院的高级国家文凭课程进行了认证，从而获取了详细的学生信息。该大学学位课程的招生情况并不理想，于是向继续教育学院持高级国家文凭的学生提供了优先录取的机会，其中部分人最终成功转入大学。继续教育学院在高等教育课程扩大招生方面具备的特殊优势可回溯第五章探讨的内容。

学院未来的高等教育职责

总的来说，绝大多数继续教育学院开设高等教育课程，学生可申请贷款以支付学费。若要开设学位或基础学位课程，除少数已获得自行颁发基础学位权力的学院外，其他学院必须获得大学的认证，此类课程被称为"限定高等教育"（prescribed HE）。然而，众多学院亦提供级别同为4级（Level 4）和5级（Level 5）的另一类非限定高等教育类课程，包括会计师协会、特许营销协会、特许法律执行协会等提供的职业资格。此外，这类课程还包括管理等领域的高级别国家职业资格证书（NVQ）。这些高等教育课程通常以非全日制形式授课（Widdowson and King 2013）。在本书最后一章，我们将探讨这一级别资格扩大招生对学生和国家带来的裨益。

4 级和 5 级资格认证：接下来的路怎么走？

多项政府报告和政策已出台，鼓励继续教育学院拓展高等教育，部分内容在前两章已有论述。英国有人主张，三年制学士学位应为关注焦点，但在很多场合，两年制的高级国家文凭（HND）和高级国家证书（HNC）或基础学位可能更切实地满足雇主和国家之需。2016 年，《塞恩斯伯里报告》（Sainsbury Report 2016）对技术教育表示关注，并提出了一系列建议，包括对于 4 级、5 级技术资格的看法。报告指出，英国的技术教育体系过于复杂，且未能提供未来需要的技术和技能。负责报告的专家组提议，根据未来雇主所需的技术知识和技能，设立一个新的 2 级、3 级、4 级和 5 级技术培训体系，并建议新的集中培训体系由学徒制研究所（Institute for Apprenticeships）负责管理。此后，教育部门在 2016 年发布白皮书《16 岁后技能计划》，接受了塞恩斯伯里的所有建议。白皮书提议，设立 15 条路径，学徒制研究所将维护 4 级、5 级技术注册资格，这些资格学习可通过政府支持的学生贷款获得公共补贴。

> 首先，本注册资格的设立将参考现有技术资格中符合国家标准的最优资格。所采用的标准将由专业团队依据高级别的相关技术知识、技能与行为要求制定，并与同一路径的学徒制项目标准保持一致。（p. 26）

在《奥加尔审查报告》（Augar 2019，134）中，专家团队强调了应当更加密切关注学院提供的 4 级和 5 级资格及大学预科课程。2019 年的一份下议院简报指出，英国 4 级和 5 级资格的持有率相对较低，仅有约 10% 的成年人持有这一级别的资格，相比之下，德国和加拿大的相应持有比例分别为 20% 和 34%（House of Commons 2019）。此外，

2009/2010 学年至 2016/2017 学年期间，注册 4 级和 5 级资格的学习者人数从 51 万人下降至 19 万人。简报还显示，约一半 4 级资格课程由继续教育学院提供，约三分之一则在大学开设。在苏格兰，2008/2009 学年至 2017/2018 学年间，修读高级国家文凭 / 证书（HND/C）的学生人数基本保持稳定，约占所有毕业生的 26%。2017/2018 学年，继续教育学院招收了 88% 的 HND/C 学生（Scottish Funding Council 2019）。扎伊达、比德尔和汉纳（Zaida，Beadle and Hannah 2019）为教育部门撰写了一份关于 4 级和 5 级资格的报告，发现少数族裔学生、大龄学生和残障学生的比例较高。他们建议鼓励继续教育学院提供更多这类资格，并使其更广为人知，因为这类职业资格满足关键的经济需求（House of Commons 2019，108）。

　　根据 2017 年英国教育部的雇主技能调查（DfE Employer Skills Survey 2017，13），行业熟练技工职位的空缺率较高，约五分之二的工作岗位因技能短缺难以填补。此外，英国审计署的报告（National Audit Office 2018）指出，技师级别的 STEM（科学、技术、工程和数学）技能存在短缺，这主要是由于过去 20 年期间拥有 3 级至 5 级职业技能资格的人员供应不足。《奥加尔审查报告》（Augar 2019）的专家团队认为，4 级和 5 级资格人才的短缺也许是无意中形成的，产生的原因可能是继续教育学院承受的财务压力，从而对学生（尤其是兼职学生）和雇主造成了财务负担。这些证书主要包括基础学位和高级国家证书 / 文凭。该报告认同技师级别技能短缺严重而资格认证可以有效缓解短缺的观点，并提出了一系列建议，认为通过增加 4 级和 5 级资格，尤其是发挥继续教育学院的作用，可以应对这一短缺问题。

　　直至 2021 年 1 月，政府才对这些报告做出回应，发布了一份白皮书（DfE 2021a），重申了政府对高等技术教育状况的关注，并引述了一项研究报告。该报告显示，具备高级技术资格的成年人的实际收入可能在 30 岁时高于拥有学位的人士（Espinoza et al. 2020）。白皮书提出，将依据塞恩斯伯里和奥加尔评估的结果，实施一项广泛覆盖的计划，推动全新的终身职业技术教育培训方案。继续教育学院将负责落实此举措，并肩负起改革 4 级和 5 级技术教育的重任。白皮书提议的举措包括：

- 对高等技术教育推行改革举措，提升其普及程度及社会地位，使其成为更具吸引力的选择。
- 倡导商会及其他的地区雇主团体参与，提升雇主参与度。
- 改革高等技术教育（4 级和 5 级资格），构建以雇主标准为主导的新审批体系。
- 为学生提供明确的深造路径，以满足雇主所需的高级技术资格。
- 自 2025 年起，对于相当于四年制的 18 岁后教育，给予灵活的终身贷款许可。
- 确保高等技术资格的学生获取贷款与全日制学生同样便捷。
- 投资学院资产，优化设施，提供优质教育。

此外还需要做到：

- 加强学院治理，确立良好治理与领导力的典范。
- 赋予教育大臣新的权限，使政府在面临持续性问题，例如学院教学质量欠佳，或当地教育机构无法满足特定地区至关重要的技能需求且无法通过其他途径解决时，能够及时果断地采取干预措施（p.12）。

《技能与 16 岁后教育法案》（2021）吸纳了白皮书的部分内容。英国就业部（Department for Employment 2021b）发布的一项报告指出，这些政策措施对于促进全国范围内的就业平衡和未来发展具有积极意义。

丹尼斯（Dennis 2021）认为，1992 年，保守党政府将继续教育学院从地方教育管理部门的管辖中独立出来，目的是使其摆脱官僚主义和严格管控。然而结果却是一届新的保守党政府重新实施了官僚主义和管控，并将范围扩大至全国。工人教育协会（WEA）的代表（TES 2021）指出，尽管法案中提出的改革对技能领域将产生重大影响，但它们仅关注 3 级以上资格，并且仅支持范围狭窄的技术学科。尽管改革看似支持终身学习，但并未涉及多个低级别资格，而这些资格提供的技能却是雇主所青睐的。

作为一名职业教育学院的管理人员，作者了解到，许多选修酒店餐饮和美容美发课程的学生在取得 2 级资格后便离开了学院，因为他们已经具备了这些职业所必需的技能。在学院学习期间，他们在当地的酒吧、餐厅或美容美发沙龙兼职；一旦取得 2 级资格证书，雇主便向他们提供全职工作，且薪资可观。在大多数酒吧和美容美发沙龙，他们的知识和技能足以胜任厨师或理发师的职位，并满足雇主的需求。由于脱欧带来的冲击，雇主不能再依赖来自东欧的人来承担这些职位。

依据政府发布的新闻稿，《技能与 16 岁后教育法案》（2021）的目标在于推动高等教育的普及，特别是针对继续教育学院的 4 级和 5 级课程。为实现此目标，法案采取了多种措施（Department for Education 2021b）。其中之一是为成人实施全新的灵活贷款制度，让他们在人生任何阶段均可接受高等教育。不过该法案主要关注工程、数字、清洁能源和制造业等领域的资格认证，法案的另一重要方面则是关于全英格兰范围内资格认证的合理化，确保仅保留符合政府议程的资格认证。因此，只要继续教育学院提供的资格认证符合政府要求，他们就有望受益。大学及其代表机构似乎对此有些紧张，因为政府资金将从他们那里转移到继续教育学院，因此他们正积极与当地继续教育学院合作，以期在全新的面向 4 级和 5 级资格的终身学习市场中占据一席之地（Million Plus 2021）。

结论

这些建议倘若得以落实，将为英国技术与继续教育领域创造难得的机遇，在脱欧和新冠疫情后的复杂的技术世界中，有机会助力各年龄段的学员通过全日制或非全日制学习获得资格认证，掌握所需的知识与技能。此举有望将英国英格兰地区继续教育学院 4 级和 5 级资格的学生比例提升至苏格兰和德国的水平。终身贷款的建议提出后，如能实施，许多已具备 4 级 /5 级资格的学习者可能选择升本，修读学位课程。为应对此情况，许多学院已与大学建立合作关系，提供经大学认证的学位课程或设有专升本课程。因此，多方协同合作仍至关重要。

负责技能和学徒制的前国务大臣米尔顿（Milton）于 2021 年指出，根据《技能与 16 岁后教育法案》（2021）的规定，大学与学院之间实现密切合作是充分发挥各自优势的关键所在。要实现协作，必须在社会角色上达成共识，在理念上达成一致。然而，受到新自由主义市场观念和价值观的影响，这一目标的实现将面临诸多挑战。长期以来，继续教育学院的贡献被低估，被认为"干着灰姑娘的苦活儿"。现在，是时候让这些"灰姑娘"到宽广的舞台上亮相了。

参考文献

Allen, J. 2016. *Going higher, going further? Student perspectives on higher education at further education colleges and universities in England.* Thesis submitted for the degree of Doctor of Philosophy in Education. Green Templeton College, University of Oxford.

All-Party Parliamentary University Group. 2019. *HE/FE pathways.* APPG.

Augar, P. 2019. *Independent panel report to the review of Post-18 education and funding.* Department for Education. London.

Association of Colleges. 2019. *College key facts.* Association of Colleges. London.

Bhattacharya, A., and A. Norman. 2021. *Study buddies? Competition and collaboration between higher education and further education.* London: The Social Market Foundation.

Bathmaker, A. 2016. Higher education in further education: The challenges of providing a distinctive contribution that contributes to widening participation. *Research in Post-Compulsory Education* 21 (1–2): 20–32.

Council for Validating Universities. 2021. http://www.cvu.ac.uk.

Creasy, R. 2013. HE lite: Exploring the problematic position of HE in FECs. *Journal of Further and Higher Education* 37 (1): 38–53.

Dennis, C. 2021. Looking forward to the long ago. *Management in Education* 35 (1): 62–63.

Department for Education. 2016. *White Paper – Post 16 Skills Plan.*

——. 2017. *Higher education and research bill: Factsheet on validation.*

——. 2019. *Higher Education Tuition Fee Prices Using 2016/17 Student Loan Company data to estimate headline tuition fee prices in the Higher Education sector by provider and qualification type.*

——. 2021a. *Skills for jobs: Lifelong learning for opportunity and growth.*

——. 2021b. New legislation to help transform opportunities for all. Press Release. https://www.gov.uk/government/news/new-legislation-to-help-transform-opportunities-for-all.

Derby University. 2021. https://www.derby.ac.uk/partnerships/uk.

Education and Skills Funding Agency. 2019. *Guidance.* 16 to 19 funding: information for 2020 to 202. https://www.gov.uk/guidance/16-to-19-funding-information-for-2020-to-2021#national-funding-rate-for-academic-year-2020-to-2021.

Education and Training Foundation. 2017. *College Based Higher Education Report.* https://www.et-foundation.co.uk/wp-content/uploads/2017/08/RCU-National-16N003-FINAL.pdf.

Espinoza, H., S. Speckesser, I. Tahir, J. Britton, S. McNallyn, and A. Vignoles. 2020. *Post-18 education: who is taking different routes and how much do they earn?* Briefing Note 13. Centre for Vocational Education Research.

Eurydice. 2019. *Types of Higher Education Institutions — United Kingdom — England.* European Commission.

Feather, D. 2016. Organisational culture of further education colleges delivering higher education business programmes: Developing a culture of 'HEness' — What next? *Research in Post-Compulsory Education* 21 (1–2): 98–115.

Further Education Trust for Leadership. 2017. *Higher education in further education: Leading the challenge.* FETL.

Hale, C. 2018. Universities' role in providing higher level skills. *FE Week* (28 November). https://www.fenews.co.uk/featured-article/22621-universities-role-in-providing-higher-level-skills.

Higher Education Statistics Agency, Higher Education Student Statistics: UK. 2018/19. *Student numbers and characteristics: Statistical Bulletin SB255.* Higher Education Statistics Agency.

Higher Education Statistics Agency. 2018. *Higher education student statistics: Alternative providers, 2016/17 − Summary.* HESA.

House of Commons Briefing Paper. 2019. *Level 4 and 5 Education.*

Husband, J., and M. Jeffrey. 2016. Advanced and higher vocational education in Scotland: Re-contextualising the provision of HE in FE. *Research in Post-Compulsory Education,* Special Edition, HE in FE.

Huxley, G., J. Mayo, M. Peacey, and M. Richardson. 2018. Class size at university. *Fiscal Studies* 39 (2): 241−264.

Kalitowski, S. 2019. *Invest in technical skills by bridging the false HE/FE divide.* University Alliance. London.

King, M., and J. Widdowson. 2012. *Inspiring Individuals: teaching higher education in a further education college: Exploring the pedagogy of HE delivered in an FE setting.* The Higher Education Academy. York.

Krcal, A., R. Allinson, B. Bryan, and C. Dobson. 2020. *Evaluating the delivery of the OfS investment in the Centre for Transforming Access and Student Outcomes Baseline report for the Office for Students. Technopolis Ltd.* Brighton.

Million Plus. 2021. https://www.millionplus.ac.uk/policy/parliamentary-briefings2016/skills-and-post-16-education-bill.

Milton, A. 2021. Overcoming FE and HE silos to build an education ecosystem. *WonkHE* (5 July). https://wonkhe.com/blogs/overcoming-fe-

and-he-silos-to-build-an-education-ecosystem/.

National Audit Office. 2018. *Delivering STEM (science, technology, engineering and mathematics) skills for the economy*. NAO.

Nixon, L. 2019. *The experiences of higher education student in Further Education Colleges: A post-structural analysis*. Doctoral Thesis. University of Huddersfield.

Office for Students. 2020a. https://www.officeforstudents.org.uk/data-and-analysis/data-collection/get-the-heses-data/Table1.

———. 2020b. https://www.officeforstudents.org.uk/advice-and-guidance/promoting-equal-opportunities/uni-connect/how-uni-connect-works/.

———. 2020c. https://www.officeforstudents.org.uk/advice-and-guidance/promoting-equal-opportunities/effective-practice/make-happen-further-education-providers-become-future-ready.OfS.

———. 2020d. https://www.officeforstudents.org.uk/advice-and-guidance/promoting-equal-opportunities/uni-connect/case-studies-in-words/.

———. 2020e. *Consultation on a new approach to the Uni Connect programme from 2021-22 to 2024-25*. https://www.officeforstudents.org.uk/publications/consultation-on-new-approach-to-uni-connect/.

———. 2021a. Young participation by area. https://www.officeforstudents.org.uk/data-and-analysis/young-participation-by-area.

———. 2021b. Evaluating the delivery and impact of the OfS investment in the Centre for Transforming Access and Student Outcomes. https://www.officeforstudents.org.uk/publications/taso-baseline-report.

———. 2021c. https://apis.officeforstudents.org.uk/accessplansdownloads/2024/TheUniversityofBirmingham_APP_2020-21_V1_10006840.pdf.

———. 2021d. https://apis.officeforstudents.org.uk/accessplansdownloads/2024/UniversityOfLincoln_APP_2020-21_V1_10007151.pdf.

Orr, K. 2020. A future for the further education sector in England. *Journal of Education and Work* 33 (7-8): 507-514.

Parry, G., Claire Callender, P. Scott, and P. Temple. 2012. *Understanding higher education in further education colleges*. Technical Report. London: Department of Business, Innovation and Skills.

Quality Assurance Agency. 2018a. *The right to award UK degrees guidance*. QAA.

———. 2018b. *UK Quality code for Higher Education: Chapter B10: Managing Higher Education Provision with Others*. QAA.

Raven, N. 2019. 'They would never have gone to university': the unique role that further education colleges play in widening access. *FACE e-bulletin*, 139 (August, 2019).

———. 2021. *The outlook for outreach. A survey of access and participation plans for 2020–21 to 2024–25*. National Education Opportunities Network, Report. https://www.educationopportunities.co.uk/wp-content/uploads/Outlook-for-Outreach-single-pages.pdf.

Roffey-Barentsen, J. 2015. Smoothing the ride: An exploration of students' experiences and perceptions of the transition from a level 3 qualification to a higher education programme (level 4) in a further education institution. *Research in Teacher Education* 5 (2): 12–16.

Rocks, E., and P. Lavender. 2018. Exploring transformative journeys through a higher education programme in a further education college. *Education and Training* 60 (6): 584–595.

Rodeiro, C.V., and S. Vitello. 2020. *Vocational qualifications at key stage 4 and key stage 5: Who takes them and how they fit into students' programmes of study, Cambridge assessment research report*. Cambridge, UK: Cambridge Assessment.

Sainsbury Report. 2016. *Report of the independent panel on technical education*. DBI&S.

Scottish Funding Council. 2019. *Higher education students and qualifiers at Scottish Institutions 2017–18*. SFC.

TES. 2021. Skills and Post-16 Education Bill: The sector reacts, TES. https://www.tes.com/magazine/archived/skills-and-post-16-education-bill-sectorreacts.Accessed May 8, 2022.

University Alliance. 2021. *University Alliance responds to the government's skills for jobs white paper and interim conclusion of the review of Post-18 education and funding.* UA.

Universities and Colleges Admissions Service. 2019. https://www.cas.com/finance/undergraduate-tuition-fees-and-student-loans#how-much-are-tuition-fees,UCAS.

Widdowson, J., and M. King. 2013. *Brief guide for governors, senior staff and clerks in further education colleges: Higher education in further education colleges.* Learning and Skills Improvement service.

———. 2017. *Higher Education in Further Education: Leading the Challenge.* FETL.

Zaidi, A., S. Beadle, and A. Hannah. 2019. *Review of the Level 4–5 qualification and provider market.* DofE.

第八章 研究成果：对继续教育管理者的影响

　　如本书第一章所述，在长期职业生涯中，本书的作者们均在继续教育和高等教育领域担任管理职务，积累了丰富的经验，深刻证明了继续教育塑造个人命运、推动英国教育与技能体系发展的巨大潜力。然而，正如本书第二章和第四章所指出的那样，相似的从业经历也表明，该行业从业者可能受到新自由主义管理方式的消极影响，感觉情绪低落、压抑、无奈。

　　2016—2019年之间，本书作者汇总了19个来自继续教育领域的领导者和管理者的真实案例，以此分析政策的影响。这个叙事探究是吸收了克兰迪宁和康奈利的研究成果，并在约翰·杜威"经验"论述（Clandinnin and Connelly 2000，2）的影响下产生的。他们都认为经验可以累积，整理这些经验，讨论分析，我们才能更好地理解实际情况，并探索解决问题的其他途径。在过去的30年里，"叙事探究已成为这一领域的重要组成部分"（Dewey 1996a，4）。

　　事实上，费希尔（Fischer）在1986年就曾指出，人类科学探究中总要迈出"实验性的一步"，这一观点也得到了其他研究者的广泛认同（Denzin and Lincoln 1994）。格尔茨（Geertz 1995）则借鉴了人类学和心理学领域的知识，为叙事探究确立了稳健研究方法的地位，将其应用于对比不同国家人们的经历。贝特森从反思的视角回顾了自己作为人类学家的一生，采用叙事方法，论证了"变革源于学习……学习就是变革"（Bateson 1994，7）的观点，并描述了自己在面对生活中的不确定，甚至看似无意义、无法解释、"混乱"的新生事物时所采取的方法（同上）。

本书正是以这种模式为鉴，探究了继续教育领域领导者的所见所闻。我们的研究与建构主义本体论和解释主义认识论紧密相连，因为本研究试图理解的现实是在社会行动中诠释的现实。这项研究认为，现象并非"身外之事"，而是存在于人们的思维和解释之中。正如罗布森（Robson 2000，147）所指出的："人不同于自然世界的物体，他们是具有意识的、有目的的行为者，对世界有自己的看法。他们的行为，他们实际所做的事情，必须放在与潜在观念、意义和动机的关联中进行解读。"

克兰迪宁和康奈利首次使用"叙事探究"一词，讨论了我们进行的复杂研究涉及的四个问题。他们提出的第一个问题是"瞬间性"，因为描述的事件通常发生在瞬间，但其细节和影响却延伸到事件之外的未来。事情并非"瞬间发生"，而是"一段时间以来，诸多事情演变之后的显露"。第二个与瞬间性相关的因素是人。任何时候，人们都在经历自己独特的学习历程，因此，有必要"在过程中讲述个人经历"（Clandinnin and Connelly 2000，xxiii）。

第三项挑战在于解读行动的意义。若行动主体的生活经历与某一符号毫无交集，他将难以理解该符号所承载的意义。因此，人们经常无法理解某些行为缘何而起。

最后一个问题是事物的确定性。叙事探究主要侧重于解读事实，但即便是学生的成绩数据，也可以被操纵、诠释，以满足特定需求。因此，在某些情境下，我们能做的只是尽力而为，并知晓其他所有可能性。

本研究以杜威的教育哲学为基石，他坚信教育与生活紧密相连，经验为我们提供了持续教育的基础。因此，本研究所得出的结论及后续进展均建立在研究过程中逐步积累的知识体系之上。随着时间的推移，本研究将不断发展壮大。正如杜威所言，教育即生活，人们在持续接受教育的同时，不断积累的经验也在塑造着他们的行为和品质。

从主题角度来看，案例研究揭示了这样一个现象：教育管理层试图激发学生、雇主及其员工的热情，以提高教育实践的质量。然而，这些做法受到钳制，因为管理层需要在政策框架内运作（如第三章所述），而且没有足够的时间和空间去大胆尝试新的方法。实际上，作为业内专业人士，他们感到自己的意见并不总是受到重视。在教育领域，传统的评估方法仍然是确定目标并测量成果，这种观念至今仍占据主导地位，而这一现状不太可能改变。艾斯纳（Eisner 1969）对简化的成果导向模式持批判态度，因为它容易忽视无法预测的问题和/或复杂问题的影响。正如斯皮兰（Spillane 2007，7）所说的：

> 为帮助人们获得间接体验，我们需要有效的表述方式。这种方式是能找到的。事实上，在优秀的传教士、人类学家和戏剧家中，有些擅长讲故事的人已经掌握了这一技艺。我们要描摹复杂性，传达整体印象、氛围，乃至体验中的神秘之处。

这就是案例研究方法为何引人关注的原因。与继续教育的领导者共同探索如何以实践来指导研究并反哺实践的做法是合理的，它摆脱了纯粹技术理性的束缚，给管理过程带来了民主和现实的作风。尽管相信技术理性方法会立即消失过于天真，但通过探索新的应对和融合方式，我们仍有望实现变革。将这两种方法对立起来，可能会阻碍继续教育领导层亟待实现的变革。正如斯滕豪斯（Stenhouse 1984，78）所指出的：

> 某些做评价的人倾向于制定自己的一套体系，将其美化到垂范后世的地步，这种倾向应引起我们的高度警惕。我们必须牢记，完成任务、实现目标应当基于常识，并从过去的经历中汲取经验教训。诚然，特例确实存在，然而依靠常识和经验，我们可以有效避免片面、僵化的思维方式，防止本本主义的倾向。即便在必要时进行适度的简化概括，也远胜过满口空洞术语、刻意装腔作势。

研究说明了什么？

本案例研究在遵循埃劳特（Eraut 2005）和卡尔（Carr 1995）的研究方法的基础上，深入探讨了领导力理论在实践中的应用。邀请领导者分享其过往经验，分析了这些经验如何影响他们对问题的认知方式。同时，研究还进一步探讨了如何通过调整领导方式，优化课程设计和授课策略，以提升教职员工的教学效果和学生的学习成果。基于以上分析，研究提出以下建议：

- 需要建立一种机制，来帮助领导者和管理者们转变教学方法和政策解读方式。现在高等教育乃至中学实行的机制都可能有助于实现这一目标。比耶斯塔（Biesta 2010）提出的良好教育模型、菲尔丁（Fielding 2005）提出并由桑德兰大学卓越教师培训中心（SUNCETT）实际应用的联合实践发展（JPD）方法等模式都可以为领导者提供成长途径，并提供超越技术理性的话语方式。
- 英国继续教育领导和管理领域的发展亟待突破单纯的预算管理层面，深入探讨教育实践的内在价值，以及领导应如何助力教育发展。深入了解教育哲学（参见邓恩的论述）以及对协作与匠心技艺方面的研究（参见森尼特的研究），可以为下属提供更坚定的支持，以推动教育的发展。
- 尽管现有的政策和监督环境在近期内仍将保持不变，但若领导者能够积极展开对教育核心议题的深入探讨，诸如评估体系与实践，而不是将不断变化的资助方式置于优先考虑地位，那么相关政策的实施将更有可能向课程发展方向倾斜与集中。
- 要将其付诸实施，领导和管理人员应该鼓起勇气，挑战既定观念，以实践为研究核心，以解决教育和政策在实施与评估中的问题。这也许需要他们履行案例研究中展示的联合实践发展做法和原则，让杜威的实用主义认识论发挥功效，解决职业教育久拖不决的问题。

要提升领导力，应借鉴杜威（Dewey 1916b）、艾尔斯等人（Ayers et al. 1998）以及格雷格森等人（Gregson et al. 2015）的研究方法，高度重视并接纳从业者身体力行获得的经验。这将使领导工作不局限于展示管理才能、完成具体任务，而是在民主原则、合作与协作的基础上，转向协同合作、注重成效、掌控全局的领导方式。其实帮助人类塑造自身的，也正是借鉴流传下来的自传和他人的故事。

格尔茨和贝特森（Geertz and Bateson，转引自 Lave and Wenger 1991）在论述中提出，变革从未停止，人们试图以自身努力建构现实。自开始以来，本书作者一直努力通过研究理解我们的亲身经历。正如莱夫和温格（Lave and Wenger 1991，32）所观察到的："来自机构内的研究者在从业的研究者与学术理论家之间充当桥梁，因此总要在两种观点之间辗转。一线工作的教师、顾问们不停地著书立说，研究者的角色就是诠释这些文本。"他们认为，事实与虚构之间并无明确的界限。如前所述，我们的研究采用了归纳法，意味着我们将逐步完成一个大规模叙事。然而必须在专业范围背景下对此加以考虑。舍恩的著作（Schön 1983，1987，1991）在叙事探究的背景下思考这个问题，探讨了技术方法与行动反思之间的边界：

> 技术理性认为，技术实践就是将知识运用到工具性决策中。当我们摒弃这样的技术理性模式时，就会自然而然地认识到一点：运用智力做出的行为中，天然蕴含着知识。（Schön 1983，50）

案例研究显示，近年来，继续教育领导者所处的境地几乎没有发生过什么变化。事实上，研究初期提出的问题表明：

- 一系列限制性政策塑造了该领域的环境和话语，其他机构实施的质量控制与监督审查措施亦加剧了这一现象。
- 管理者可能因政治、政策的掣肘以及部门和机构特性而难以进入并深入某个领域，即便深入，也面临诸多困境。
- 在这个领域内，管理层即便取得了专业素养的提升也未必有助于其审时度势、做出明智决策。加之汇报体系、资金来源及质量监管政策的不断调整，无疑使这一形势愈发严峻。

- 要让变革贯彻到底，必然付出巨大的成本，面对巨大的挑战。管理者可能难以应对，也难以借此提高决策的水平。事实上，管理者与领导者若努力改弦更张，难免付出大量额外的时间和精力。

- 持续产生的变化对学生、家长、雇主及其他利益相关方的影响尚未被全面认识，相关政策的实施很难跟踪。

- 在该领域中，目前还找不到多少依据能够表明，个人在做出良好决策之时是否曾得到（或未曾得到）支持。

作为英国继续教育学院的管理者，我们参与了多项领导能力提升项目。最近，继续教育领导力信托基金会（Further Education Leadership Trust）发布了一系列论文，提出了一项包含五个要点的领导力提升计划。然而，若计划观点缺乏逻辑又不着要领，单纯堆砌在一起必将导致潜在风险。因此，简单地制定一份冗长的行动清单并不可靠。如何有效地推动继续教育领域中层领导的能力提升，同时使实践智慧成为继续教育的核心要素，这些问题一直萦绕在我的脑海。

领导路径

本书旨在探讨如何寻找更为现实且民主的路径，以引导领导者进行深入研究和自我反思，进而将得出的结论转化为实际行动。在此过程中，我们既可以专注于持续提升教育领导者的素质，挖掘该领域领导者实践中的独特标准与内在价值，同时也可以借鉴其他领域（如早期教育）中对"教育领导力"等更为实用和民主的理念持开放态度的实践，使专业学习既聚焦于教育领导者的职责，又不忽视通用领导力技能的培养与发展。

尽管运作管理有难度，尤其在学校需要扩大学生数量以增加收入的时候，本研究的数据仍然清楚地表明，需要更加重视教师的持续专业发展（CPD）。最近的一份 2019 年教育与培训基金会（ETF）报告指出，

"60% 的继续教育教师没有时间进行持续专业发展"。经合组织（OECD 2014，11）确认，相较于学术教育而言，职业教育变得越来越难，因此教师需要额外支持。这需要得到督导机构的理解，让所有教职员工能有健全的持续专业发展开端，其中还应包括领导力持续专业发展。关于这个行业内新任管理者的职业发展，一些研究者已经提出了他们的观点，但需要更加关注这些路线如何运作以及如何支持管理者的成长。这也将有助于提高决策质量，给领导者树立扎根行业的信心。

尽管从业者研究的开展，尤其以从业者和联合实践发展的角度来看，在行业中正在产生积极影响，但更加迫切的需要是确保从业者研究产生更显著的影响。这个行业的执行管理者可能都面临着一个挑战：必须承认，区分环境对于分析问题至关重要。某策略在某个环境下可能有效，但是换到另一个环境下就水土不服。因此，用相同方式对待所有管理者是不现实的。高质量教学依赖于多种评估和差异化对待，良好的领导能力也同理。经常有人要求我过问某件事，理由是某个做法曾经"解决问题"。然而，好的做法往往只能依环境而生，顺时而动，并在最大限度上满足教师、其他工作人员、雇主和学员的需求。

本研究结果显示，构建一个合理的环境是一个耗时较长的过程，其中联合实践发展等方法在促进这一目标的实现方面起到了积极的作用。然而，对情境的深入理解和阐述需要的时间更为漫长。以我个人引导雇主参与课程设置的相关工作经验为例，这一策略的成功实施依赖于雇主的积极参与、相对平和的竞争环境，以及合作伙伴的坚定决心。地方企业合作伙伴关系（LEP）也在认真参与这类活动，尽管权力下放协议的建立并未如预期般顺利，但其积极参与的态度正在逐渐发挥作用，同时学院也能够对地方企业合作伙伴关系的参与和决策产生影响。然而，这些额外的管理事务和机构增加了成本，使局面更为复杂，并可能干扰大型机构的运作机制。此外，在参与技术等级（T level）课程开发等活动中，我发现来自农村地区的继续教育学院同行在接触雇主方面困难重重，这主要归因于该地区雇主较少，且更为分散。

此外，研究显示，对课程设计与开发的理解至关重要，特别是在当前复杂的政策背景下。通常情况下，负责"业务发展"或承担类似职责的人员会参与课程规划与实施。然而，令人担忧的是，部分人员对于课程理论与设计的理解尚处于初级阶段。为确保继续教育学院能够满足政府对"高等级专业和技术"政策指令的要求，教职员工不仅需要深入研究课程理论与实践，还必须对工作场所学习领域的最新趋势和思想保持敏锐的洞察与理解。

然而，领导者在面对令人咋舌的招生目标时，可能会因政策的多重约束而陷入进退两难的境地。因此，认识并关注研究和学习的重要性，有时会受到一定程度的忽视。事实上，如果我们认同森尼特（Sennett 2008）所提出的观点，即精通一门技艺需要投入一万小时的时间与精力，那么，我们又怎会错误地认为，在继续教育领域，教育领导能力的挑战程度相对较低，或者不需要长时间的投入与努力呢？其中涉及的协作、合作、发现问题、解决问题以及批判性思维等能力，同样需要长时间的积累与磨炼。

未来的可选方案

关于教育领导力的定位，我们需从多个维度进行深入探讨。首先，管理者间的协作与合作至关重要，应以共同利益为基石，不仅在机构内部，亦需延伸至机构外部，秉持尊重、大度和职业道德的原则。

其次，教育领导者应深刻理解优质教育的内涵，明确识别其特质，并对继续教育的目标保持清晰的认识。

再者，应当营造一个有利于培养协作与合作品质的环境，这些品质包括谦逊、接受人性的局限并及时从个体和集体错误中汲取教训。

此外，对教学和学习方法的持续反思也不可或缺。尽管索绪尔和奥威尔认为语言表达的意义随时代消长，且在不同情境下存在差异，但教育领导者仍需致力于研究并不断提升自身工作水平。在这一意义上，我们可以将继续教育管理者的角色视为对技艺模型的传承与发展，如亚里士多德所阐述的"techne"（即技艺）。然而，形成良好的教育实践不仅需要工具性技巧，更要求教育领导力的内在价值在实践中得到具体阐述和体现，包括在特定情境中运用实践智慧，以及如邓恩（Dunne 1993，10）所述，坚持实践：

> 实践（praxis）指的是个体在公共领域中，与他人互动时，不带有任何外部目的，亦不关注自身物质利益，而是致力于在集体中塑造值得称赞的卓越品质，以构建有价值的生活。

亚里士多德的理论视角所揭示的行为与存在范式，与当今教育领导者广泛采纳的市场导向价值观和做法之间存在显著的分歧。市场导向的价值观和做法，如本书所详尽阐述的，显然未能充分契合继续教育领域的核心使命，即协助个体发掘并实现其职业生涯前途。在预算拮据、政策频繁调整、人际关系错综复杂的现实环境下，管理人员不仅需要坚定维护核心价值，还需承受每周长达 37 小时的工作负荷。这种现实状况使得实现既定目标变得极具挑战性。而推动工作方式的民主化进程，不仅面临重重困难，还需要长期的坚持与努力。

本研究表明，民主与协作方法为管理者构建了一种框架、指南或蓝图，使他们能够突破制度、政治和社会结构的限制，从而以新的思维模式看待课程设置。格雷格森等人（Gregson et al. 2015）在研究联合实践发展机制时指出，首要步骤应为构建环境，激发人们讨论现实问题，即实际发生的实践活动。要点在于，领导者应具备勇气，不盲目追随主流的新自由主义政策，而应勇于挑战这一观念，以培育更具民主性的教育领导模式。

明显可以看出，运用技术理性方法的继续教育领导在决策与判断过程中可能未能充分评估其对行业内教育实践产生的深远影响，因此，领导层的培训与发展主要聚焦于学院运营，而许多长期存在的问题、挑战和困难并未得到有效解决。根据本书所提供的数据与资料，这种现象不仅对个人成长造成了限制，也对整个行业的健康发展带来了不小的代价。作为一名具有多年行业经验的管理者，我目睹了技术理性政策所带来的种种系统性影响。现列举几个实例加以说明：

- 督导机构似乎拥有统揽一切的权力，导致教育机构领导在应对其要求时面临巨大的压力，对下属的态度粗暴且不友善。这种现象在接受英国教育标准局督导的教育机构中尤为显著，而在接受同行评议的机构（如高等教育机构所采用的方式）中则并不多见。此外，克里斯·伍德黑德（Chris Woodhead）曾被任命为英国教育标准局首席督学，这一举动可被视为一种政治干预，进一步拉近了教育部与督导机构之间的关系，而非将两者确立为各自独立的监督方式。
- 继续教育体系模糊不清且定义不明确，学院高等教育（CHE）体系尚未全面阐述其总体方向、服务对象以及独立性的行使，加重了该领域的教育领导问题。
- 研究中，普遍缺乏可控的风险承担，难以激励有开拓精神的教师进而培养学习者的求知欲。值得注意的是，《继续教育周报》（分析期间为 4 周）等出版物关于该行业的负面文章数量是正面文章的四倍（分析期间为 2018 年 1 月至 2 月）。
- 《技术教育和继续教育法》（2017）据称提高了学院的独立性，但实际上减少了国家对继续教育的支持。此外，这部法案与《高等教育与研究法》（2017）一道，全面加强了继续教育领域的问责制措施，并进一步确保了校理事会需具备坚实的法律和会计基础。然而这样做却伤害了那些懂教育、致力于提升教育质量的人。

种种技术理性方法使得英格兰继续教育体系的弊端愈发凸显。我们认为，该体系导致了管理者、教师及教辅人员之间的不和谐。然而，伦理型领导与教育哲学的研究观点表明，有更为民主的路径，给学生及整个领域带来更多成果。

对于教育领导者而言，将勇敢、挑战与渐进式反思融入实践是一项艰巨的任务。原因在于，督导机构和资助机构所采纳的技术理性方法往往导致教育政策出现不连贯性，使得这些领域面临两难的境地。尽管联合实践发展为解决问题提供了多元化的路径选择，但技术理性的世界观仍然对职业教育和高等教育领导者产生着影响。他们认为，这种方法能够揭示行业内情况的"真相"，然而实际上并非如此。

以 2019 年 4 月 3 日为例，政府发布了一份"一站式"的文件，核心目标是"加强学院监管"。文件详细列出了新的干预措施及其触发条件，由继续教育专员负责执行措施。资助拨款信息继续以学习滞后者人数为基础逐年发布，而成人教育和学徒制的相关信息则每月发布。在过去的五年中，职业教育专员共进行了 60 次干预，并进行了 39 次地区审查访问，主要目标是减少学院数量及推动学院合并。另外值得注意的是，那时有四所继续教育学院的评级达到了"优秀"，而在 2017 年 1 月至 2018 年 5 月期间，没有任何学院获得英国教育标准局的"优秀"评级。

继续教育领域是如何被看待和测量的

对于继续教育领域里成果与绩效方面的不平衡现象，迄今还没有任何机构或高级行业领导者进行过评论。2019 年 4 月，学院协会（Association of Colleges）和英国教育部联合举办了一场时长一小时的在线研讨会，探讨 2016 年资格绩效表的变化。研讨过程表明，做出这些变化之后，只有少量非学术资格影响了绩效表格。因此，教育部启动了针对 16 岁后技术资格的两阶段审查，以确保许多非学术资格能够进入排名表。与此同时，英国教育标准局正在就一项新的督导制度进行咨询，该制度旨在"降低对成果的侧重"。然而，成果仍然是督导以及其他各类干预的主要依据。

菲尔丁（Fielding 2003，292）提出，一切抽象概念都具有与生存息息相关的本质特性，这些特性深刻影响着我们的世界观、理解力以及参与各类事务和日常工作的方式。因此，在教育实践中，将理想化的观念转化为实践智慧至关重要。他进一步指出，在教育政策及其努力方向的描述中，语言选择的重要性不容忽视，因为它直接关系到我们如何识别和区分教育变革进展的不同层次。尤为关键的是，若使用的语言未发生变化，则意味着在追求"社会公正"和"更美好社会"的领域中，相同的权力和控制力仍在持续发挥作用。菲尔丁对目前评估英国教育"成效"的方法提出了疑问，并指出这些方法背后的本体论和认识论根源可追溯至17世纪和18世纪的机械论世界观。此外，他还指出，教育改革中技术理性的方法与"愚昧无知"且"虚张声势"的语言形式——追求"绩效"的语言——正在借助"成效"和成果的概念逐步融入英国教育政策的话语体系。

尽管有人认为，确定任何社会政策对实践的影响并非易事，但本研究证实，识别督导机制的政策对当前继续教育的部分负面影响是相对容易的。研究还揭示了关于谁最有资格评判继续教育实践及其改进的问题。这个问题的政治层面因素似乎也在产生负面影响，例如，某位首相会提出废除英国教育标准局测量教育机构成功与否的评级系统。传统技术理性认为，只要堆砌了大量数据，问题解决方案似乎就应该一目了然。其实不然，这一过程需满足两个前提条件：首先，所收集的数据必须具有高度相关性；其次，所考虑的问题必须全面涵盖教育实践的复杂性。萨拉森（Sarason 1996）强调，在教育改革过程中，存在高度紧张的政治环境和复杂的权力关系，这使得我们选择关注什么、忽视什么变得尤为重要。在此，萨拉森提醒我们注意，在做出判断时，我们必须对背景信息和问题的复杂性有深入的了解。

萨拉森（Sarason 1996）强调，教育改革往往容易陷入失败的循环之中，即变革尝试越多，越可能回归原点，甚至陷入更糟的境地。这种情境下，改革的表象可能以积极的行动呈现，让人们误认为已经实现了突破和创新。显然，教育领域的领导者通常也认为情况如此。萨拉森在1996年的论述中并非传达悲观主义，而是强调在教育改革中应当警惕"避重就轻"和"对问题熟视无睹"的风险，以及忽视其他可能影响这些关系的观察方式所带来的后果和代价。

技术理性所引发的困扰在于，它将政策与方法带来的改变仅仅视为一个孤立事件或结果，而未能认识到这些改变实则伴随过程发生，而且部分改变或许是意想不到的。此外，实践是复杂的过程，它们所处的环境也可能是高度复杂的。在继续教育的背景下，很难看出研究（通常由非专业人士进行）如何为政策提供参考。显然，许多外围组织［如地方企业合作伙伴关系（LEP）、英国工业联合会（CBI）等］对政策产生了影响，但几乎没有证据表明政策对这些政策的实际执行者（即教育领导者和教师）产生了实际影响。此外，在某些政策背景下，对研究的借鉴几乎可以忽略不计。2002 年，兰德利（Landry）曾与政策制定者合作，探讨研究如何影响他们的部分实践。然而，只有 8% 的人表示研究完全影响了他们的工作，另外 38% 的人表示研究偶尔会影响他们的工作。这类政策的影响可见于诸如 2007 年英国教育与技能部［DfES，现为教育部（DfE）］发布的《取得良好进展》报告等文件，该报告将学习评估误认为是评估的"一个种类"（而非过程），并认为这种评估可以"分级"。

　　无疑，并非所有决策制定都必然经过"研究"，也不是所有研究都对行业具有相关性和实用性。政策往往源于意识形态，例如前文所述的 2011 年白皮书，就源于保守主义对新自由主义教育机制的认同。此外，尽管大量公共研究认为可能有更好的儿童阅读教学方法供选择，时任内阁大臣（迈克尔·戈夫）却将 2013 年费希尔推崇的语音法作为小学阅读的主要方法。确实，业内相关研究并不看好语音法，但是这个教学法对政策产生的实际影响却不小。这对于研究者而言可能又是另一个困境：个人怎样知道哪种做法应该推广？对于本研究采访的对象来说，这是他们首次被问及作为继续教育领导者的亲身体验。本书的案例研究中，我首次反思了在该领域担任领导多年所见的某些主题。由此可见，这些亲身体验的传播并未获得接触政策制定者的途径（他们可能做出回应，也可能不做回应）。

希望尚在吗？

　　一系列常见的观点传播方式，如会议、论文、研讨会等，正逐步向继续教育领域的教师群体开放。这一趋势的推动，部分归因于实践导向的继续教育研究在领域内的日益普及，这些研究主要由实践者自行开展。值得一提的是，教育与培训基金会以前瞻思维资助了如桑德兰大学卓越教师培训中心（SUNCETT）等项目的开发，这些项目采用实用主义策略，提倡采用"经验做法"这一表述，以涵盖教育实践的道德层面和内在价值要素，从而与之前的"绝对卓越"和"最佳实践"等概念形成平衡。

然而，要改变教育领域中的政治架构并实施反思过程，不是指日可待的事。如果政策制定者仅仅通过硬指标测量成效，既无法全面了解问题，也无法提出人性化的解决方案。同时，现有的状况无疑加剧了财务、人力和道义成本的负担。科菲尔德在其《是的——但塞麦尔维斯与我的导师角色有何关系》一文（Coffield 2010）中明确指出，医学领域在经历了漫漫200年的探索后，才逐渐接纳了反思性和学术性的研究方法。这一过程中，那些勇于挑战既定假设和旧有方法的人付出了巨大的代价。因此，我们必须认识到技术理性方法与实用主义、认识论方法并非简单的对立关系。为改善继续教育的现状，领导者应在技术理性方法框架中积极探索如何提高教育质量的潜力。西尔弗（Silver 2003）也指出，英国在教育领域所使用的"成效"概念本身就具有模糊性，而当前以技术理性的视角来运用这一概念更加大了理解的难度。对于在短时间内收集并依赖"硬指标"来评估成效的做法，他也表示了疑虑。真正的成效评估应当寻求那些能够深入剖析项目、计划或其他活动执行情况，以及证明其实际执行意图的合理性和恰当性的证据。

从这一角度出发，在教育成效评估过程中，过程与结果均具有重要意义。尽管西尔弗认同，在教育（或其他社会现象）的成效测量中，如同测量"轨道长度"和"每亩产量"一样使用"硬"指标存在显著缺陷，甚至在某种程度上显得荒诞不经，但他坚决反对全面否定"教育成效涉及多方利益"的观点，亦反对对成效及其后续问题研究的无理指责。西尔弗承认，在某些情境下，由于现在采用的是对结果进行细致定量的评估方式，敏感性评价（sensitive evaluation）的实施可能会面临挑战。然而，他强调（Silver 2003，3），即使在仅依赖短期内"硬性"成效指标的情境中，也有必要试着阐述成效的具体表现，"即便这么做只是为了提出更为严谨的进一步分析方法，为正在发展或已明显取得的成果进行更深入的提问，并提供持续性的指导"。

杜威的认识论有助于深入剖析"教育业务"的核心价值、地位及其在教育评价中聚焦成效生成过程的必要性。比耶斯塔和伯布勒斯（Biesta and Burbules 2003）以及比耶斯塔个人（Biesta 2007）的研究显示，杜威所倡导的知识与现实观，并非源自技术理性的世界观，而是根植于经验主义的深厚土壤。通过比耶斯塔和伯布勒斯对杜威实用主义哲学的简明解读与生动阐述，我们得以深入了解杜威（Dewey 1916b）所提出的教育研究方法：这种方法不仅富有人文关怀，更能在实践中有效规避实证主义、后实证主义及后现代主义等极端分化倾向的陷阱。

从认知论和现实角度来分析评价教育改革的技术理性方法，可以看到，这种方式无助于提升继续教育的领导力。如果任何评价政策逼迫人们对工作不懂装懂，必定一事无成、效率低下，因为工作中充斥着一种假象，好像已经没必要征求各方意见，问题已经得到透彻了解，解决方法唾手可得，好像可以预先圈定事实算作相关依据。

潜在的分析指标

综上所述，我们应该为此寻求什么样的解决方案？本章开头部分所揭示的那些困境的解决之道又何在？在合理的时间和成本约束条件下，我们应如何形成"软"指标？对于继续教育机构的领导者来说，如何在注重软指标、实现软指标的同时，也契合外部评价机制的要求？鉴于软指标具有主观性、零散性和印象化特点，领导者应如何找到一种既能满足外部机构需求，又能推动广泛参与、鼓励创新和敢于冒险的文化方式？此外，领导者应如何探索新的策略来影响政策的制定和实施？重要的是，我们应如何保证政策有深入广泛的研究作为依托？

与继续教育领域的领导者共同探讨如何以实践经验来支撑研究成

果、推动工作的持续优化与提升，这样做是摆脱单纯依赖技术理性，从而将民主与务实的理念融入领导工作的可行途径。幻想技术理性的方法会在一夜间消失未免过于天真，但如果我们能找到应对和逐渐渗透技术理性的新方法，我们就有希望实现变革。将这两种方法对立起来可能阻碍继续教育领导层真正需要的变革。正如斯滕豪斯（Stenhouse 1984，78）所言：

> 某些做评价的人倾向于制定自己的一套体系，将其美化到垂范后世的地步，这种倾向应引起我们的高度警惕。我们必须牢记，完成任务、实现目标应当基于常识，并从过去的经历中汲取经验教训。诚然，特例确实存在，然而依靠常识和经验，我们可以有效避免片面、僵化的思维方式，防止本本主义的倾向。即便在必要时进行适度的简化概括，也远胜于满口空洞术语、刻意装腔作势。

继续教育领导层的决策存在多种可行的途径。根据前述研究，桑德兰大学卓越教师培训中心（SUNCETT）团队在教育与培训基金会的实践研究项目中，实施了一系列策略。这些策略逐步揭示了教育研究及教育改进方面，存在与实证科学立场相对的论述。研究的核心是关注行业实践者为优化工作而进行的实践导向研究。该团队认为，此类方法有望弥补教育领域自上而下、新自由主义和实证主义元叙事所存在的部分缺陷（Gregson and Hillier 2015）。

正如之前所讨论的，格雷格森指出，实践者的观点与大型研究（如教育部门日益依赖的随机对照试验）在确立教育实践地位方面具有同等的重要性。她进一步指出，实践者研究充分考虑环境和知识因素，因此具有独特的优势，这使得实践成为检验和发展教育理论的重要场所，同时也面临着不断的挑战和验证。

基于此，结合我所关注的案例研究，我将中高层管理者视为实践者，并探讨如何创设更有利的条件以支持他们的工作和专业发展，因此尝试了一些新方法。

本研究中，依照桑德兰大学卓越教师培训中心（SUNCETT）以及其他学者提出的各类工作模式，作为教育领域的研究者和实践者，我们试图探索，除现有方法外，在继续教育领域中是否能找到其他途径以培养领导力。为此，我们策划了一系列针对中层管理者的持续专业发展（CPD）研讨会。这些研讨会分为以下几个场次进行。

第一场研讨会重点阐述了"教学领导力"的观念，并从教育领导、教育管理和教育行政三个角度，对现状及未来发展趋势进行了深度探讨。研讨会要求管理者明确其职责中的优先事项，分析他们期望在岗位上实现的目标，并关注他们是否在这些方面集中精力。

第二场研讨会聚焦于决策制定。会议讨论了管理者如何进行决策，如何挑战已有假设，以及个体在决策过程中采纳何种框架。此外，研讨会还深入探讨了有意识或无意识的偏见如何影响判断力。在阐述教育理念的基础上，研讨会设计了练习环节，分析妨碍实现目标的潜在困难。同时，研讨会还探讨了品德伦理在领导力中的重要性，研究人们做出特定类型决策的动机以及影响他们决策的因素。

第三场研讨会着重关注了管理者如何更有效地协同合作，以及如何与组织内外的人员共同推进以实现更优秀的成果。研讨会上，重点分析了每位管理者的职责及其相互之间的协调配合。此外，本场研讨会开始探讨如何评估各项活动和决策的影响，从而促进更为明智的决策过程。本场研讨会涉及的部分议题包括：

- 如何在保持身体力行的同时，不断提升专业素养？
- 如何界定我们的角色，我们对实践工作的感受是否满意？
- 如何处理（内部和外部）合作伙伴关系，如何判断其是否有效？
- 什么是有效的变革管理？变革所需的时间又是多久？

讨论中引入了变化曲线的概念，以便个体能够将其自身视角与团队成员的视角进行对比。

第四场研讨会开始深入探讨如何实现变革。会议讨论了如何通过探究方法优化课程设计，以助力实现预期目标。在此过程中，研讨会探讨了如何通过反省领导实践来内化质量提升的工作方式。此外，研讨会还研究了如何通过提高管理透明度来优化学生体验，并提升学生的发展机遇。会议呼吁管理者深入思考：

- 要扮演好领导角色，需要具备哪些态度和习惯？
- 什么是教育的领导艺术？如何评判？成功的标准又是什么？
- 如何帮助人们做好职场准备？（这是英国教育标准局对学院评定"良好"和"优秀"的标准之一）
- 我们能从他人身上学到什么，为什么向他人学习很重要？
- 如何对学生做到严格要求、及时回应、有同理心？

评估这些努力的成效具有相当大的挑战性。我们认为，在这个领域中，智力和社交能力的提升至关重要，以便有效地应对不当的政策，并争取自身权益。尽管培训得到了普遍积极的反馈，但实质性的行动却是在五个月之后，经过持续不断的培育努力才得以展开。事实上，若非我们持续不懈地推动变革，这些努力在实践中将难以产生实质性的影响。

其他挑战和发现

经过深入研究，我们认为，继续教育领导管理的其他因素亦不容忽视，特别是针对部门员工流动与发展的问题，我们进行了详尽的分析。过去五年里，多数机构的领导团队规模缩减了 23%，这无疑对组织能力构成了不小的冲击。同时，我们收到的互动反馈也为我们提供了宝贵的思考空间。当领导们将他们在行政职责与领导角色中的工作进行对比时，将不难发现当前状态与未来状态在活动重点上存在显著的差异。

值得一提的是，与会者就问题解决方案及如何进行成效评估展开了深入的讨论。大家普遍提到，软件平台（如 ProResource、MarkBook、ProAchieve 和 ProObservb 等）已经成为工作流程的主要驱动力，导致大量时间耗费于应付平台任务，而非直接促进学生成长。这一现象无疑值得我们进一步关注与研究。

他们的另一个关注点是自己未曾意识到工作中无处不在的技术理性方法路径。他们认识到，自己想当然地接受了环境，对工作环境与教育理念之间截然相反的状况视若无睹；因为他们没能警惕一些无处不在的先入为主的想法，无法关注"房间里的大象"——那些明摆着但又被无视的问题。他们提出了一系列倡议，希望"提高标准"、创造对话空间，以改善教学、学习和评估。然而这些建议却无人问津，无法搭建讨论的框架，为对话创造条件。因此他们的结论是：作为专业人士的教师既无权力，又难以推行民主（Coffield 2010），他们别无选择，只能做出言不由衷的评价，因为他们背负压力，不能显露自己的弱势处境，除了正面评价，其他的话都不能说。

既然民主是教育的重要组成部分（若杜威所言有理），那么民主管理理应成为课程安排和推行的关键一环（Dewey 1916b，38）：

> 我们生活的时代困难重重：民主已经被新自由消费主义令人作呕的贪婪吞噬，人人都想轻松获取源源不断的财富，付出的代价却是视野狭窄、慷慨之心难继、同情心不存，民主赋予人的力量的光辉也逐渐黯淡。

现行的技术理性政策范式不足以激发领导者行动力。本研究无意探讨"自上而下"的工作模式或外部视角下教育改革中的"卓越"理念，亦不寻求强加于人。然而，这些模式和理念均旨在激发每位领导者对自身行动的深刻反思。根据埃劳特（Eraut 2005）和卡尔（Carr 1995）的研究观点，这些行动通过实证调查将领导力理论转化为实践。因此，人们要求领导者能够深入反思经验如何塑造其认识论方法。同时，这些行动亦探讨了如何通过变革管理路径来改进课程设计与教学方法，以及优化教职员工和学生的体验。

将新路径应用于管理者的成长后，他们的反馈颇值得注意。他们普遍对这种新方法表示赞赏，因为它突破了传统"培训"模式，不再局限于狭隘的工具性技能范畴。尽管他们认识到服从行业监管框架、高效完成工作很重要（没有它，机构将被技术理性的工具全面控制），但他们同样强调创意与横向思维的重要性，这正是他们期望教师在与学生互动时所采用的方法。因此，管理者们欣然抓住了这一契机。管理者需要清楚地阐明他们在继续教育领域里从事管理工作的奋斗目标是什么。

杨（Young 2008，128）回顾了 1987 年的职业教育资格审查，认为这个审查标志着一个开端，从"基于共同实践和专业判断的资格体系"向"基于明确的正式标准"的体系转变。这些标准可以独立于任何具体经验或实践来定义。这看来是继续教育领导者的传统发展模式。实际上，以更加务实的态度对待领导实践，并挑战技术理性路径在教育实践中的应用方式，可能会激发更多质疑现有体系的勇气。一些案例研究强调了这种难得的质疑。戴维斯（Davies 2005，24）称这些做法"具有目的性、务实性，并清楚问题的复杂程度"。1975 年，帕莱特（Parlett）和汉密尔顿（Hamilton）提出了一种"启发式评估"方法，他们认为其他评估方式过于简化，而传统方法造成僵硬的过度控制，无法反映现实情况。

上述方法可以延长实施期限，以确保对所有长期影响进行评估。科利（Colley 2007，22）说：

> 我认为，不宜仅凭零碎的具体事例来制定政策，但讲述这些具体事例也是有作用的，有助于政府部长们深入了解实际情况，为他们的决策提供有力依据；同时，他们也可以将这些事例传达给其他人，以供参考。

通过这些方法的实施，我们可以深入观察到与核心利益相关方合作、关注用户绩效、提升展示方式、有效组织会议、改进教学方法以及学习与评估等多个方面的实际操作效果。杨对资格认证改革进行了研究，他揭示了多届政府秉持的市场驱动观念如何推动了教育与培训体系的转变。格雷格森等研究者（Gregson et al. 2020）详细分析了市场力量如何引导继续教育领域走向管理主义，并已成为该领域的普遍现象。在运用公共资金时，应尽量减少标准与干预手段的实施，同时应提倡将不断挑战当前做法和改进工作常态化。尽管该领域注重绩效指标和"硬指标"成果，但仍需创造更多机会，以促进领导者反思和研究自身及他人的实践。这一关键缺陷阻碍了必要的"智力较量"，从而限制了改进的可能性。萨拉森（Sarason 1996）的观点为我们提供了启示，即教育实践的变革应主要由关心教育质量提升的内部人员推动，而非完全依赖外部力量。这一观点为我们指明了改进的方向。

多种模型

比耶斯塔（Biesta 2010）的维恩图聚焦于三个要素。图 8.1 是一个类似的结构，略有调整，可以用来说明管理的发展。

图 8.1 比耶斯塔的维恩图

为切实提高领导工作的品质，我们必须汲取杜威（Dewey 1916b）、海兰（Hyland 1994）以及格雷格森和希利尔（Gregson and Hillier 2015）的理论精髓，务必对实践经验保持审慎思考，使领导工作不局限于简单展示管理技巧及完成任务清单，而是应当转变到一种更趋合作化、实用化、民主化、协同化的认知框架内。我相信，不管是亲身体验，还是他山之石，都能够更好地塑造人类的行为。

本研究并未提出经过改进或供首选的审查或督导方法。研究资料表明，对继续教育学院的督导在诸多方面存在缺陷，许多情况下，给院校提供的"支持"在很多场合上并没有太多切实帮助，不能形成合力，甚至算不上诚恳。本研究显示，类似问题在督导、拨款和监管制度方面都存在。从根本上说，若要加强继续教育领域，其测量和评价方式必须改变，对政府如何衡量继续教育行业的价值也应该有所反映。研究发现，当前实行的工作方法对从业者产生了深刻且未曾预料的后果，代价高昂。

　　研究表明，运用新型、务实且民主化的教育评估、改进及领导方法，在避免伤害那些真诚推动该领域发展的人的同时，有助于学生实现更好的学业成果，从而在财务方面实现一定的节约。本研究表明，相较于技术理性世界观所倡导的自上而下的方法，我们可以找到其他可能更为有效的应对问题的策略。然而，或许修订 1992 年《继续教育和高等教育法》，以及重新聚焦于课程设计和教学实践，才是改善当前继续教育领域中层管理者肩负的重重压力的根本可行途径。

参考文献

Ayers, William, Jean Ann Hunt, and Therese Quinn. 1998. *Teaching for social justice. A democracy and education reader*. New York: New Press.

Biesta, G. 2007. Why 'what works' won't work: Evidence-based practice and democratic deficit in educational research. *Educational Theory* 57 (1): 1–22.

Biesta, G.J.J. 2010. *Good education in an age of measurement: Ethics, Politics, Democracy*. New York: Routledge.

Biesta, G., and N.C. Burbules. 2003. *Pragmatism and educational research*. Lanham: Rowman and Littlefield.

Carr, W. 1995. Education and democracy: Confronting the postmodernist challenge. *Journal of Philosophy of Education* 29 (1): 75–92.

Clandinnin, D., and F. Connelly. 2000. *Narrative enquiry: Experience and story in qualitative research*. San Francisco: Jossey-Bass.

Coffield, F. 2010. *Yes, but what has Semmelweis to do with my professional development as a tutor?* London: Learning and Skills Network.

Colley, H., D. James, M. Tedder, and K. Diment. 2007. Learning as becoming in vocational education and training: Class, gender and the role of vocational habitus. *Journal of Vocational Education and Training* 55 (4): 471–497.

Denzin, N.K., and Y.S. Lincoln. 1994. *Handbook of qualitative research.* Thousand Oaks: SAGE.

Dewey, J. 1916a. *Democracy and Education: An Introduction to the Philosophy of Education.* New York: Macmillan.

———. 1916b. *How we Think: A Restatement of the Relation of Reflective Teaching in the Educative Process.* Chicago: Henry Regnery.

Dunne, J. 1993. *Back to the rough ground: Practical judgement and the lure of technique.* Notre Dame: University of Notre Dame Press.

Eisner, E.W. 1969. *Instructional and expressive educational objectives: Their formulation and use in curriculum.* Instructional Objectives, AERA Monograph No. 3. Chicago: Rand McNally.

Eraut, M. 2005. Expert and expertise: Meanings and perspectives. *Learning in Health and Social Care* 4 (4): 173–179.

Fielding, M. 2003. The impact of impact. *Cambridge Journal of Education* 33 (2): 289–295. London: Routledge.

Fielding, M., S. Bragg, J. Craig, I. Cunningham, M. Eraut, S. Gillinson, M. Horne, C. Robinson, and J. Thorp. 2005. *Factors influencing the transfer of good practice.* London: Department for Education and Skills.

Fisher, R. 2013. *Teaching thinking: Philosophical enquiry in the classroom.* London: Bloomsbury.

Geertz, C. 1995. *After the fact: Two countries, four decades, one anthropologist.* Cambridge: Harvard University Press.

Gregson, M., and Y. Hillier. 2015. *Reflective teaching in further.* Bloomsbury: Adult and Vocational Education.

Gregson, M., Nixon, L., Spedding, P., and Kearney, S. 2015. *Helping Good*

Ideas Become Good Practice. London: Bloomsbury Press.

Gregson, Margaret, Sam Duncan, Kevin Brosnan, Jay Derrick, Gary Husband, Lawrence Nixon, Trish Spedding, Rachel Stubley, and Robin Webber Jones. 2020. *Reflective teaching in further, adult and vocational education.* London: Bloomsbury Publishing.

Higher Education and Research Act. 2017. https://www.legislation.gov.uk/ukpga/2017/29/contents/enacted.

Hyland, T. 1994. *Competence education and NVQs: Dissenting perspectives.* London: Cassell.

Lave, J., and E. Wenger. 1991. *Situated learning: Legitimate peripheral participation.* New York: Cambridge University Press.

OECD. 2014. *Education at a glance 2014: OECD indicators.* OECD Publishing.https://www.oecd.org/education/Education-at-a-Glance-2014.pdf. Accessed 20 May 2020.

Sarason, S. B. 1996. *The Predictable Failure of Educational Reform. Can we Change Course Before It's Too Late?* San Francisco: Jossey-Bass Publishers.

Schön, D. 1983. *The reflective practitioner: How professionals think in action.* New York: Basic Books.

———. 1987. *Educating the reflective practitioner.* San Francisco: Jossey Bass.

———. 1991. *The reflective practitioner: How professionals think and act.* Oxford: Avebury.

Sennet, R. 2008. *The craftsman.* New Haven/London: Yale University Press.

Silver, H. 2003. Re-viewing impact. *Cambridge Journal of Education* 33: 2.

Spillane, J.P., and J.B. Diamond. 2007. *Distributed leadership in practice.* New York: Teachers College, Columbia University.

Stenhouse, L. 1984. *An introduction to curriculum Research and Development.* New York: Heinemann.

The Technical and Further Education Act. 2017. https://www.legislation.gov.
uk/ukpga/2017/19/contents.

Young, M.F. 2008. Bringing knowledge Back. In *From social constructivism to social realism in the sociology of education*. London/New York: Routledge.

第九章　现状如何？

　　本书详细阐述了继续教育领域的发展现状和面临的挑战。本章将对内容进行概括并提出改革建议，以服务于经济、社会、继续教育从业者，以及最重要的学生群体的利益。

　　本书在开篇部分指出，技术理性方法的影响在继续教育领域尚未得到充分理解和阐述。一系列来自该领域外部（而非内部）的研究人员提出，继续教育在政治意义上的价值正在日益增加。金融危机和新冠疫情的影响致使工业生产率水平低迷，继续教育及其支持再培训的能力被视为应对这些挑战的可行之道。然而，拨款机制并未改变，各种复杂的监管机构和主要立法依然存在。产生的变革中，有许多是由部门机构以及一些校长和首席执行官推动的，然而这些人仍属少数，并未充分考虑中层管理人员的工作及其持续影响。《奥加尔审查报告》公布之后，有一段时间，学院和大学正在等待政府的回应（显然，新冠疫情使其延迟了回应）。对此的回应是出台了《技能与16岁后教育法案》，然而该法案并未考虑到《高等教育与研究法》（HERA）的内容（详见第二章），在高等教育白皮书规划之际，法案已在议会完成审议。政策乱象依然大范围存在，业内人士继续面临相同的问题。

　　第二章描述了继续教育的职能和历史，提供了该领域的背景信息。同时分析了研究方法的合理性，解释了一些概念定义以及国际背景，为后续讨论奠定了基础。本章还探讨了继续教育学院当前面临的困境。

　　第三章分析了政府政策的影响，探讨了现行政府对继续教育角色的理解及其对恰当课程设置的期待。我们认为，从理念层面上来看，受制于经济压力，继续教育并未提供能力范围内的最佳知识与技能。此章着手讨论这种情况如何影响继续教育管理者，以及他们不得不采用的管理风格，还探讨了这种情况对社会流动性的影响，以及继续教育学院应如何在提高学生学习成果和发展前景方面，特别是在提升他们继续进行高等教育的学习潜力方面，发挥更大作用。

第四章探讨了管理主义和新自由主义对继续教育学院的影响，使这些学院聚焦经济、竞争和雇主需求，并迫使他们以"企业化"的方式进行运作。然而，我们认为学院与制造业企业不同。在高度竞争的市场中生产巧克力或洗涤剂是一回事，为人们提供有助于就业的知识和技能，让他们在高度复杂和需求严格的社会中应对裕如是另一回事。正如明茨伯格（Mintzberg 1993）所说，继续教育学院并非机械式官僚机构，而是专业机构，因此管理者不应该以工厂经理对待工人的方式对待学院员工。学院领导、学院教师与学生之间的关系不同于客户与水暖工、窗帘清洁工或汽车修理工之间的关系。然而，强加于学院的文化使其视学生为一锤子买卖的顾客，而非需要长期服务的客户。因此我们认为，管理主义和新自由主义运作模式意味着继续教育学院的学生并未获得最佳教育。我们建议，米兰科维奇和戈登（Milakovich and Gordon 2013）描述的新公共服务模型比新公共管理更具适用性，因为在该模型中，学生被视为跟教育者持有共同目标的平等的人。

第五章在第四章的基础之上探讨如何应对高校所面临的挑战，并考虑了可能为高校学生带来更好成果的替代方法。本章讲述了我们为了让继续教育管理人改进管理方式而进行的案例研究，探讨了多方协作，并分析了如何让学生和其他利益相关者更多地参与课程设计和高校的运营。此外，本章还描述了如何改进高校文化，以提供更好的全员体验。

第六章更为详细地探讨了继续教育学院在提高社会流动性及实现高等教育公平方面所能发挥的作用。文章讨论了学院的独特优势：为年轻人，以及其他因背景或处境而通常无法接受高等教育的群体，提供高等教育，同时亦分析了在学院修读高等教育课程与大学的不同之处及其面临的挑战。这部分分析建立在我们曾经做过的一些研究基础之上：解除对学院的部分束缚，以此来改善教育对象尤其是年轻人的生活机遇。

第七章探讨了学院与其他组织（尤其是大学）协作的益处。我们提出，当下年轻人离开家乡去大学攻读三年制学位的模式，未必最有利于个人、社会或经济的发展。《技能与16岁后教育法案》（2021）也认为，三年制学位的替代方案是可取的，并建议继续教育学院提供替代的高等教育和培训。虽然它鼓励学院与雇主之间的合作，但这种合作的目的更多的是满足雇主和经济的利益，而非学生的全面需求。这也似乎是一种强制性的合作方式，因为如果一所学院不与当地雇主合作以满足后者的需求，教育大臣可以进行干预，以确保此目的得以实现（Camden 2021）。代表140所英国大学的英国大学联盟回应法案称，许多成员学校将考虑三年制学位的替代方案——这暗示着与继续教育学院之间展开竞争，而非合作（UUK 2021）。然而，布莱顿大学副校长代表大学联盟表示，推动这项法案通过将"构建一个更加一体化的高等教育体系，进一步激励高等教育和继续教育携手合作，为所有学习者提供灵活、选择多元而且明确的职业道路"（University Alliance 2021)。

第八章开篇提供了面对时代挑战的一些具有民主意义和实用价值的应对方案，本文详细探讨了第五章概述的研究，分析了继续教育机构无处不在的管理主义文化对学院管理者施加的束缚。要理解学院所面临的问题，吸取经验，为学生、产业以及（至关重要的是）他们所服务的社区提供更为有效且优质的教育和培训，则必须首先理解这些限制因素。

未来将如何？

在本书的不同章节中，我们曾多次提及《奥加尔审查报告》以及《技能与16岁后教育法案》。表9.1概括了该法案的关键特点。

表 9.1　《技能与 16 岁后教育法案》关键内容

> 雇主应作为关键力量参与技能培训计划的制订，并确定继续教育学院在该领域未来应提供的教育与培训内容。
> 委托学徒和技术教育学院（IFATE）负责审核及优化现有资格认证体系的任务。
> 构建全新的学生贷款机制，确保所有成年人在任何年龄阶段均可获得灵活贷款，以资助其接受大学或学院提供的高等教育和培训。
> 赋予继续教育专员新的干预权，以便在学院无法有效服务社区的情况下采取相应措施。在适当时机推进机构改革，以确保学院能够不断提升办学水平。

资料来源：英国教育部（Department for Education 2021a，b）。

在本文撰写之际，《技能与 16 岁后教育法案》仍在议会审议阶段。针对这一拟议中的立法，各方观点存在分歧。首要的是，法案本身在细节上显得不够充分。例如，WONKHE 播客（WONKHE，2021）和上议院成员（Times Education Supplement 2021）均指出，该法案在深度上有所欠缺，未能如奥加尔所构想的，构建一个既统一又协同的继续教育与高等教育体系。

审视法案细节，其中一部分涉及学徒制，尽管该部分强化了学徒制和技术教育研究所（Institute for Apprenticeships and Technical Education）的角色，为高等教育和继续教育领域提供了更深层次的监管，但并未在实质性改革方面超越自 2013 年以来所进行的改革。这部分引入了高级技术资格的概念，但同样未能明确合作与竞争的决定因素。法案仍然沿用了主导该领域的新自由主义技术理性方法。理工学院是该法案的一个关键议题，但是被视为依法设立的独立实体，因此，不会对高等教育和继续教育的基本格局产生颠覆性影响。不过，或许随着时间的推移，这类学院可能为合作提供新的选择路径。

本法案深入剖析了经济与教育之间的内在联系。鉴于纳税人在此领域的庞大资金投入，这样的关注尤为关键。然而，必须指出的是，现行的标准三年制本科课程在资金方面仍依赖学生获取的贷款。因此，有观点主张应赋予学生在资金分配上的自主决策权。2021 年，高等教育部分学科的补助增长幅度有所缩减，其中艺术领域所受影响尤为突出。正如森尼特（Sennett 2009）所强调的（前文已有详尽阐述），事业成功需要掌握一系列核心价值和技能。他将这些要素归纳为发现问题、解决问题和批判性思维，这样才能使个体提出并实施创新的问题解决方案。

尽管在法案的前言中，加文·威廉森（时任教育大臣）强调了创造力的必要性，但在整个法案中，再未提及与创造性有关的事物。事实上，该法案将另外 30 多项权力赋予教育大臣，提出以"地方技能提升计划"作为工作的基础。然而，在所有继续教育学院都存在财务问题的前提下，赋予教育大臣更多权力进一步加重了监管和潜在的官僚习气。此外，继续教育专员和技能资助机构的审计制度、英国学生事务办公室监管框架以及其他自上而下的管理领域，将给该领域带来进一步的压力，与此同时，继续教育学院仍然面临资金不足的问题。财政经济学研究所（IfS 2020）承认，在 2020 财政年度，学院获得了额外的 2.5 亿英镑用于资助 16~18 岁学生的活动，但这项资金远远无法弥补学院基础拨款停滞不前导致的实际减幅。该法案本身没有为继续教育学院或高等教育机构提供长期可持续的拨款模式。因此，尽管我们认为，为了这个行业、在此行业工作的人们，以及它努力服务的人群，本书中提出的解决方案仍然值得努力，但是这些方案看来遥不可及。

《技能与 16 岁后教育法案》在不断地给继续教育和高等教育领域制造复杂的架构和挑战，例如，其中包含的增强问责制措施超过 20 项。在继续教育和高等教育层面的拨款状况未经调整的情况下，发展合作伙伴关系及建立新的技术学习架构（如理工学院）造成成本增加，与此同时，加强并扩充继续教育和高等教育必须合作的机构，也会带来额外的行政负担。

政府在法案的引言中强调，该法案旨在推动 4 级（Level 4）和 5 级（Level 5）高等技术资格的使用，以填补雇主所关注的技能缺口（Department for Education 2021a，b）。然而，大学担忧此举将影响其学位课程的招生，并担心政府可能将资金从高等教育领域转向继续教育。

然而，继续教育学院的校长们也确实在这个法案中看到了有利于他们的趋势。作者邀请了两位校长就该法案做出评价，以下是他们的反馈。

正面影响

- 鉴于继续教育在技术和职业学习方面的现有优势，以及新设的国家技能基金（National Skills Fund）（终身技能保障/学生贷款）提供的资金，该行业在4级、5级、6级资格（甚至可能是7级资格）上具备扩大和提供教育的坚实基础（Department for Education 2021b）。
- 在传统悠久的2级和3级资格学徒教学的基础上，在继续教育学院开发高等学徒制课程。
- 更为模块化的技术和工作技能教学方式将受到雇主和员工的欢迎——目前高等教育领域广泛采用的正是这种模式。
- 学院已与地方企业合作伙伴关系（LEP）和当地联合管理机构（LCA）建立密切沟通，并且在开发以雇主为主导的课程和应对明确的技能需求方面具有优势。事实上，针对技能的拨款权下放让课程开发更加灵活，教育机构因此得以与当地雇主和社区的需求对接。到目前为止，这项工作主要在1—3级技能层面进行，但有人认为，学院已蓄势待发，可以通过与当地联合管理机构和地方企业合作伙伴关系的对话，将其课程提升至更高层次。例如，有人提出设立一所理工学院，由地方企业合作伙伴关系和当地联合管理机构支持，该项目将获得国家技能基金/学生贷款的资本投资外加营收资金。
- 学院在当地商业委员会中设有代表，政府期望商会能在推动地方技能提升计划方面发挥关键作用，这些计划将促进成人培训和教育，包括高等级技能的课程。

然而，他们也有很多担忧。

负面影响

为此议程专门设置的资金保障并不充足，甚至无法恢复至继续教育在"紧缩"政策前的资金水平。此外，针对即将进行的支出审查，财政部要求教育部在接下来的三年内实现 4%~5% 的预算节约（FE Week 2022）——显然，紧缩政策正在卷土重来！

- 政府仅计划资助已获批准的项目。在地方雇主需求与政府确定的资助重点之间可能存在差距。

- "雇主引领"的教育毋庸讳言对于教学与现实的结合是有利的，但是雇主往往提出诸多要求，有些要求在财务方面行不通，且常常着眼于短期需求而非长期规划。此外，中小企业的声音往往被忽视（不过在许多领域，中小企业才是占据主导地位的企业）。

- 大学将《技能与 16 岁后教育法案》视为威胁，并将重新进行自身定位，希望从传统继续教育市场分一杯羹（许多大学已经着手这样做）。继续教育学院会发现，这些大型教育机构资金储备雄厚，与其竞争非常艰难。

我们坚信，继续教育学院能够存续至今，如上所述，根源在于管理层和员工自始至终的乐观态度和把握机遇的能力。

解决方案

基于第八章、第五章、第六章的研究和发现，多项建议可以用来提升学院的地位，改进其实践。贯穿本书的主题是新自由主义和管理主义对这一领域的影响。我们认为，这种影响涵盖了四个主要领域或层次，如表 9.2 所示。

表 9.2 受影响的不同层级

层级	当前情况总结 （技术理性特征）	解决建议 （合理方案）	实施策略 （具体做法）
1. 政策（中央政府，包括拨款机构）	通过一系列政府文件，增强了集中约束和监管。目前英国教育标准局、英国学生事务办公室、教育和技能资助机构负责执行政策。所有机构都需要资源以保证运行。	通过同行评议，贯彻实施单一拨款系统、聚焦质量提升的教育策略；减少教育部干预，解除过多新增的干预；消除市场影响。	循序渐进，跨党派合作，打造持续的、以教育促进社会流动的教育观；实施《奥加尔审查报告》中提出的措施。
2. 政府（机构）	问责措施范围广泛，但并不都以教学、学习和评价为核心。	提供机会，让教职员工、学习者以及与教学有关的社群成员参与学院的战略决策过程。	保证利益相关者的代表参与治理，包括本地社群和商会成员。
3. 领导层	学院领导受到管理主义与新自由主义文化的制约与束缚。	设置单一机构监管单一拨款方法，单一质量监督机构认可领导者创新和努力，允许领导者努力满足学生和社群的需求而非经济需求，创造条件，聚焦于教学管理。	去除新自由主义和管理主义文化。
4. 教与学	课程设置、教与学均着眼于经济需求，而非学生和当地群体的需求。	保留单一机构进行审核和评估；以同行评议为主，信任教师成为双重专业人士的动机，发挥好他们在职业和教学方面的技能；放手让教师发展。	落实《奥加尔审查报告》的建议，将教与学的中心从狭窄的经济目的转移到更广泛的学生需求上。

实施策略

表 9.1 中，我们列出了一些引起关注的主要问题，因为这些问题，英格兰继续教育领域难以提供符合个人、雇主、经济以及地方和全国社区需求的教育和培训。要谨防"把孩子和洗澡水一起泼掉"的可能。该领域的核心职责应是提供教育和培训，大部分是职业培训，以便为 14

岁及以上的人群提供有助于其就业及职业发展的知识和技能。以下将对此进行详细讨论。

1. 政策

20 世纪 70 年代以来，各国政府均采取了新自由主义和管理主义的方法来制定继续教育政策。这种方法或许适合私营行业，但并不适合公共服务性质的继续教育。继续教育需要政府循序渐进地采取行动，进行跨党派合作，形成一个可持续的教育和社会流动的愿景。该愿景不应该仅仅关注经济需求，更不应维持社会不平等的市场模式。需要实施一个跨党派、政策连贯的职业教育和高等教育战略，并为继续教育创建一个单一简化的拨款体系。关注质量提升应聚焦于同行评议，合理调整拨款和认证机构的要求以避免重复；应避免频繁的教育部干预，结束政府过度干预，避免提出过多新倡议。虽然提供的资格认证因公认存在重复而有必要进行合理化调整，但同时也必须确保那些服务于微型行业或特定人群的细分资格得以继续存在。应实施《奥加尔审查报告》（2019）中推荐的旨在提高职业教育作用和增加拨款的措施。同样，《技能与 16 岁后教育法案》（2021）中扩大职业教育学院职责以提供 4 级、5 级课程的措施应得到实施，但限制职业教育学院自由的部分则应搁置。

2. 政府（机构）

当下，预计学院理事会将工商界的雇主代表置于主导地位，调整当前格局，以确保各群体利益得到充分体现，让更大范围的利益相关者参与制定学院战略和监督学院管理。学院服务于特定的社区，这些社区可能在城市，人口密集；也可能在农村，居住分散，且财富与贫困状况、地方商业和产业构成各不相同。因此，学院治理机构应反映所属社区的特点，并赋予社区代表机会参与塑造学院教育与培训类型。此外，学院还应与学生保持沟通，确保满足其未来的发展需求，同时兼顾工会及其他员工组织以及员工的当前和未来需求。

3. 领导层

我们已经反复提到过，继续教育学院的管理者受制于强加给他们的管理主义和新自由主义文化，他们与当地学校、其他学院和大学的合作也受到阻碍。由于必须应对众多拨款管理单位和不同的质量期望，他们的工作异常复杂。很大程度上，这是新自由主义的市场观念造成的，因此政府应创建一个单一的拨款机构，各考试和认证机构协同工作，形成单一的质量审核制度。管理者经常无奈应对层出不穷的政府倡议，这些倡议来自决策者拍脑袋的想法，持续两三年后便不了了之，而且并不与学院进行磋商。《奥加尔审查报告》中凸显了部分类似问题。学院的领导者目前花很多时间应对学生需求之外的工作，应当允许他们专注于为学生提供最佳体验和最优秀的教学、学习和评估环境。

4. 教与学

至关重要的是，学院教师的授课应充分满足学生需求，而非局限于狭义的教学内容、培养政府认为的满足经济和雇主所需的人才。由于对学院的评价标准之一是学生成绩，教师们往往被迫按照课程大纲开展教学，以保证学生们考出最高分数。然而，学生更应获得广泛的知识和社会技能，以便在职业生涯中取得充实成就，成为积极乐观的公民。我们期待教师们不断努力提升教学能力和评估能力，同时也要信任他们能够在一个注重改进而非问责的环境中相互监督。鉴于非全日制教育和培训获得了重视，资格证书可以用更长的时间、分成更小的板块来获得，而且政府也提供贷款以支持此类学习的机会，我们欢迎《技能与16岁后教育法案》对终身学习的关注。然而也应牢记，获取知识和技能不应仅以就业为导向，提供手工艺、体育和休闲活动以及社交技能的成人教育课程同样重要，且有助于心理健康。学院的部分职责或许就是帮助人们获得幸福。

　　本书撰写的时刻在未来或许会被视为转折点。英国脱欧及新冠疫情的影响仍在持续，继续教育会对成千上万人的生活产生实质性的积极影响。然而，如果它继续受到重重羁绊、匮乏资金，这一目标就难以实现。尽管没有捷径，但我们仍然相信，我们能找到可行的解决方案。

参考文献

Augar, P. 2019. *Independent panel report to the review of post-18 education and funding.* DfE.

Camden, B. 2021. Speed read: Skills and Post-16 Education Bill published. *FE Week.*

Department for Education. 2021a. *New legislation to help transform opportunities for all.* Press Release. https://www.gov.uk/government/news/new-legislation-to-help-transform-opportunities-for-all.

———. 2021b. *Guidance: National skills fund.* https://www.gov.uk/guidance/national-skills-fund.

FE Week. 2022. Spending review: FE budget fears as Departments are asked to find 'at least' 5% savings. (8 September). https://feweek.co.uk/spending-review-fe-budget-fears-as-departments-asked-to-find-at-least-5-savings.

Institute for Fiscal Studies. 2020. *Annual report on education spending in England.* Institute for Fiscal Studies, London.

Kernohan, D. 2021. The skills and post-16 bill enters the Lords. WONKHE (15/6). https://wonkhe.com/blogs/the-skills-and-post-16-bill-enters-the-lords.

Milakovich, M.E., and G.J. Gordon. 2013. *Public administration in America.* 11th ed. Boston: Wadsworth.

Mintzberg, H. 1993. *Structure in fives: Designing effective organisations.*

Englewood Cliffs: Prentice-Hall, Inc.

Sennet, R. 2009. *The craftsman*. London: Penguin.

Skills and Post-16 Education Bill. 2021. https://bills.parliament.uk/bills/2868/publications.

Times Education Supplement. 2021. The skills bill: What the House of Lords had to say (15 June). https://www.tes.com/news/skills-bill-what-house-lords-had-say.

Universities UK. 2021. *UUK response to government plans to introduce a Skills and Post-16 Education Bill, as outlined in the Queen's Speech*. Universities UK.

University Alliance. 2021. *University Alliance responds to the government's skills for jobs white paper and interim conclusion of the review of post-18 education and funding*.

术语表

AOC——Association of Colleges 学院协会：英格兰继续教育学院的主要代表机构。

APP——Access and Participation Plans 招生与扩大教育参与率计划：如果英国高等教育院校收取的学费高于之前规定的标准（目前为 9250 英镑），就需要每年提交的一份计划，解释该机构如何将超额收取的费用用于帮助来自弱势家庭的学生。

BTEC——The Business and Technology Education Council 商业与技术教育委员会：认证并评估一系列职业资格的英国组织。

CHE——College Higher Education 学院高等教育：英国继续教育学院提供的高等教育的标准名称。

CPD——Continuing Professional Development 持续专业发展：一种理念，指在人的一生中通过多种方法实现持续的培训和发展。

ETF——Education and Training Foundation 教育与培训基金会：为继续教育而设的教师发展培训机构，代表该行业"自设"职业标准。

FAVE——Further Adult and Vocational Education 提供中学后教育的教育行业统称。

FE Commissioner 继续教育专员：2013 年设立，负责对继续教育学院进行监管，并在必要时提供支持与干预。专员的主要职责包括评估继续教育学院的教育品质及财务健康状况。若学院面临困境，专员有权限全面干预。

Foundation Degree 基础学位：一种涵盖职业和学术的资格，相当于学士学位要求的三分之二，可通过全日制或非全日制学习获得。

HND/HNC　高级国家文凭 / 高级国家证书：一种涵盖职业和学术的资格，相当于学士学位要求的三分之二，可通过全日制或非全日制学习获得。高级国家文凭（HND）通过两年全日制学习获得，高级国家证书（HNC）通过非全日制学习获得。

JPD——Joint Practice Development　联合实践发展：由菲尔丁在 2010 年首次提出的实现持续专业发展（CPD）的途径。

LEPs——Local Enterprise Partnerships 地方企业合作伙伴关系：英格兰全境有 38 家地方企业合作伙伴关系机构，由地方政府和企业管理。地方企业合作伙伴关系的任务是确定当地经济发展优先事项，采取措施推动经济发展，在本地区创造就业。

Managerialism　管理主义：一种观念，即认为公共机构应当由专业管理人员使用私营领域的管理工具来管理。

Neoliberalism　新自由主义：一种观念，即认为公共领域机构应当在充满竞争的环境中运行。

OfS——Office for Students　学生事务办公室：英国负责监管高等教育和管控竞争的政府机构。

Ofsted——The Office for Standards in Education　英国教育标准局：职责是负责督导包括中学和学院在内的教育机构。

POLAR　由英国学生事务办公室（OfS）运作的系统，该系统根据英国各地区居民参与高等教育的比例对各地区进行分类。

Polytechnics　技术学院：提供高等教育资格的第三级教育机构，1993 年转为大学。

QAA——The Quality Assurance Agency for Higher Education　英国高等教育质量保证机构：控制英国高等教育标准与质量的独立机构。

STEM　科学、技术、工程和数学四大学科门类。

SUNCETT——The University of Sunderland's Centre of Excellence in Teacher Training　为英国教育与培训基金会执行研究项目的桑德兰大学卓越教师培训中心。

T levels 新设的为期两年的职业课程，在取得普通中等教育证书（GCSE）后进行，水平相当于三个高级水平课程（A level）。

Technical Rational 技术理性：一种哲学观点，认为当技术无处不在之时，将技术进步与社会融为一体的理性决策将改变社会中曾被认为是合理的事物。

TEF——The Teaching Excellence and Student Outcomes Framework 教学卓越和学生成果框架：一项旨在评估高等教育机构表现是否卓越的举措。

图书在版编目(CIP)数据

英国继续教育和职业教育的管理主义文化 ： 变技术
理性为多方协作 /（英）约翰·鲍德温，（英）尼尔·雷
文，（英）罗宾·韦伯-琼斯著 ；张建惠译. — 北京 ：
商务印书馆，2024. — ISBN 978-7-100-24385-8

Ⅰ．G719.561

中国国家版本馆CIP数据核字第2024RU9071号

英国继续教育和职业教育的管理主义文化
变技术理性为多方协作
〔英〕约翰·鲍德温〔英〕尼尔·雷文
〔英〕罗宾·韦伯-琼斯 著
张建惠 译

商 务 印 书 馆 出 版
（北京王府井大街36号 邮政编码100710）
商 务 印 书 馆 发 行
艺堂印刷（天津）有限公司印刷
ISBN 978-7-100-24385-8

2024 年 12 月第 1 版　　　开本 710×1000　1/16
2024 年 12 月第 1 次印刷　　印张 13¼
定价：78.00 元